版权声明

© 2017 Taylor & Francis

All Rights Reserved

Authorized translation from the Enghlish language edition published by Routledge, a member of the Taylor & Francis Group, LLC.

Copies of this book sold without a Taylor & Francis sticker on the cover are unauthorized and illegal.

保留所有权利。非经中国轻工业出版社"万千心理"书面授权，任何人不得以任何方式（包括但不限于电子、机械、手工或其他尚未被发明或应用的技术手段）复印、拍照、扫描、录音、朗读、存储、发表本书中任何部分或本书全部内容。中国轻工业出版社"万千心理"未授权任何机构提供源自本书内容的电子文件阅览、收听或下载服务。如有此类非法行为，查实必究。

AutPlay Therapy for Children and Adolescents
on the Autism Spectrum

A Behavioral Play-Based Approach (Third Edition)

自闭症儿童和青少年游戏治疗

〔美〕Robert Jason Grant 著

覃巧玲 潘 歆 译

中国轻工业出版社

图书在版编目（CIP）数据

自闭症儿童和青少年游戏治疗/（美）罗伯特·杰森·格兰特（Robert Jason Grant）著；覃巧玲，潘歆译. —北京：中国轻工业出版社，2021.6（2023.1重印）

书名原文：AutPlay Therapy for Children and Adolescents on the Autism Spectrum: A Behavioral Play-Based Approach, Third Edition

ISBN 978-7-5184-3404-6

Ⅰ.①自… Ⅱ.①罗… ②覃… ③潘… Ⅲ.①孤独症-儿童-游戏-精神疗法 ②孤独症-青少年-游戏-精神疗法 Ⅳ.①G766 ②R749.055

中国版本图书馆CIP数据核字（2021）第035336号

总 策 划：石　铁
策划编辑：戴　婕　　责任编辑：戴　婕　林思语
责任终审：腾炎福　　责任校对：刘志颖　　　　　　责任监印：吴维斌

出版发行：中国轻工业出版社（北京东长安街6号，邮编：100740）
印　　刷：三河市鑫金马印装有限公司
经　　销：各地新华书店
版　　次：2023年1月第1版第2次印刷
开　　本：710×1000　1/16　印张：21
字　　数：132千字
书　　号：ISBN 978-7-5184-3404-6　定价：86.00元
读者热线：010-65181109，65262933
发行电话：010-85119832　传真：010-85113293
网　　址：http://www.chlip.com.cn　http://www.wqedu.com
电子信箱：1012305542@qq.com
如发现图书残缺请拨打读者热线联系调换
200941Y2X101ZYW

谨以此书献给所有义无反顾、无私忘我地养育自闭症和其他发育障碍儿童患者的父母。孩子需要你们百折不挠的精心呵护和倾力支持，但永远不要忘记照顾好自己，也永远不要对你们改变孩子的能力失去信心。

"切莫以为自闭症的背后'深藏着'一个与众不同、能力超常的孩子。你们面对的就是你们的孩子，珍视他的存在，鼓励他的优点，接纳他的怪癖，改善他的缺点，就像对待其他普通孩子一样。目标在前，使命在肩，唯有砥砺前行。"

——克莱尔·斯科维尔·拉泽布尼克
（Claire Scovell LaZebnik）

译者序一

世界上有这样一些人,他们不聋,却"充耳不闻";他们不盲,却"视而不见"。他们是一群"来自星星的孩子",患上了查不出病因又很难彻底治愈的自闭症,医学上又称为孤独症。

根据世卫组织的资料估计,全世界每160名儿童中就有1名患有自闭症,而研究报告显示实际数据要比这高得多。无论数据是多少,在我们身边的确不难看到那些深受自闭症困扰的家庭。患者的病症始于幼儿期并持续至青春期和成年,他们存在某种程度的社会行为、沟通和语言能力受损,兴趣和活动范围狭窄并且刻板重复。他们有的严重残疾,生活不能自理,有的虽然能够生活自理,却不能独立生活,不能与人沟通交流,不能参与社会生活,因此在体力、精神和经济上都给患者及其家庭带来了巨大的压力。

自闭症虽然不能治愈,但多国的研究人员经过50多年的努力,探索出许多针对自闭症儿童有效的治疗手段。虽然治疗的过程相当艰难,需要治疗师付出极大的耐心,但该领域的教育工作者从未放弃希望和努力。本书的作者罗伯特·杰森·格兰特(Robert Jason Grant)博士建立了咨询机构,创造了新的治疗方法并加以实施推广,这即是援助自闭症群体的典范之一。

"他山之石,可以攻玉",这是我们引进、翻译这本书的初衷。

身为美国注册游戏治疗督导师、注册高级自闭症专家、美国游戏治疗协会的董事会成员,格兰特博士与受自闭症和相关疾病影响的儿童和家庭一起工作长达二十多年,积累了丰富的经验并形成了自己独特的理论体系和治疗风格,创建了 AutPlay 自闭症游戏疗法。

AutPlay 并不是一个可以在英语词典上查到的普通词汇，它是格兰特博士独具匠心、巧妙构思，利用 Autism（自闭症）的前缀 Aut-，加上 Play（游戏）组合成的自创新词 AutPlay，作为他拥有自主知识版权的注册商标 AutPlay Therapy。2019 年，格兰特博士将他的治疗模型带到中国，为了便于中国读者容易接受他的疗法品牌，译者再三斟酌，直到完成全书的翻译、领会其内涵之后，结合编辑的出版思想，才决定采用"罗伯特自闭症游戏治疗"的译名，让读者一目了然，抓住主题。因为篇幅的限制，有时亦会采用"罗氏游戏治疗"的简化表达。

对于 autism 一词，以往许多书籍汇编等材料通常使用"自闭症"作为中文翻译，也有文本译为"孤独症"。一开始我们采用后者，因为考虑到"孤独症"的使用在医学上更加正规，也较为中性，同时我们希望这个词的使用可以让大众对于该病症的理解稍有改观，避免给患有这类谱系障碍的孩子贴上负面标签，但是后来因为编辑与出版的需要，以及"自闭症"一词更为普及化，并且也更为大众所熟知，故最终仍以"自闭症"作为本书 autism 一词的翻译，特此说明。

长期以来，格兰特博士一直致力于将他兼收并蓄又独具特色的自闭症游戏治疗向世界各地的心理工作者分享和推广，在世界各地提供培训，为参加培训者颁发罗伯特自闭症游戏治疗合格证书，越来越多的持证治疗师已经成功地运用该疗法为患者提供干预，取得了非常可喜的效果。

罗伯特自闭症游戏治疗（一种社会心理干预措施）是一种基于行为游戏的治疗方法，将游戏疗法、行为疗法和人际关系发展方法的治疗能力整合在一起，针对患有自闭症、注意缺陷/多动障碍、感觉统合失调和其他神经发育障碍的儿童和青少年，在家庭、学校、治疗室等任何环境背景下均可以用来进行干预治疗，帮助儿童和青少年获得所需的技能和能力。它有一个创新之处，就是包含一组家长培训模块（治疗师培训家长在家中进行指导性游戏干预治疗），对自闭症患者及其照料者的安康和生活质量具有积极的作用。

《自闭症儿童和青少年的游戏治疗》是格兰特博士出版的多部专著之一，首次出版于2012年，2014年再版，并于2016年经过再次丰富和修订出了第3版，即我们翻译的最新版次。4年之内再版两次，足见本书的受欢迎程度。

　　本书共有七章，第一章概述了自闭症和发育性残疾的诊断标准、统计数据、早期发现、疾病特征、症状表现、相关常用术语、发病原因和治疗方法，这些内容使本书成了手册式的工具书。第二章阐明了罗伯特自闭症游戏治疗的基础，介绍了对其影响最大的各种治疗方法（包括治疗性游戏、亲子游戏治疗、家庭游戏治疗、认知行为游戏治疗）。第三章是本书的重中之重，详细介绍了罗伯特自闭症游戏治疗的方法。从玩具的选择到游戏室的建立和游戏类型的确定，干预措施均围绕着治疗的三个首要目标领域（情绪调节能力、社交技能发展和联结）和三个次要目标领域（焦虑减少、感觉处理和行为改变）来进行，解决自闭症患者面临的各种挑战。本章还分述了治疗从始到终的三个阶段（摄入和评估、指导性游戏干预以及结束阶段）。本书的创新亮点——家长培训也在会这一章给出详尽的指导。在罗氏游戏治疗中，家长从评估阶段即开始接受培训，掌握相关专业知识，学习在家实施指导性游戏治疗技术的技巧，最大限度地参与治疗，并且学会照顾好自己，从而获得赋能与治疗师一起成为改变孩子的变革因素，以取得治疗的最大效果。本章还推出了针对功能和技能受损较严重的儿童采用的"跟随我"方法，针对一些尚未达到可以直接介入指导性干预措施程度的患者，采用过渡性游戏干预，这也是罗氏游戏治疗的独到之处。第四章用四个代表性的真实案例展示了如何运用罗氏游戏治疗进行干预的操作过程。有趣的是，当患者在某个目标领域能力获得提升时，其他方面的缺损有时也会迎刃而解，令家长和治疗师喜出望外、信心倍增。第五、六、七章各自介绍了15款（一共45款）简单易行、趣味性强的干预游戏的目标、操作方法和基本原理，分别针对情绪调节能力、社交技能发展和联结领域，治疗师和家长根据儿童的水平既可以直接选用，也可以发挥创造性加以扩展。附录的其他资源提供了关键阶段的步骤指导、22种治疗过程需要用到的表单、17种其他基于游戏的自闭症治疗方法、21款应用程序，实为本书不可或缺的部分，更加体现了原著内容丰富、方便实用的特点。

本书呈现了全面、清晰、有效的治疗技术，是作者多年经验的结晶，内容包罗万象，综合性强，理论和实践皆备，是治疗师和家长帮助自闭症儿童和青少年成长的必备工具，具有不同应用背景的读者都可以从中获益。

本书的翻译由两位译者承担，其中，我负责开篇至第五章，潘歆负责第六章至附录部分。我们两位虽然经历各异，背景不同，合作却相得益彰，形成互补。我们在尊重原著的基础上，力求准确、严谨地翻译本书。

身为一名职业翻译、国际贸易从业者、英语教师、南澳大学工商管理硕士，没有任何心理学背景及经历，缘何会去翻译一本自闭症游戏治疗专著呢？

我与这本书的结缘首先要感谢我的姐姐覃巧邕。她是一名心理咨询师，多年的工作中常常接触自闭症儿童和青少年。2019年6月，她参加了"心里程"举办的"罗伯特自闭症游戏治疗认证课程（中国区）"的学习。期间，中国轻工业出版社"万千心理"为课程用书招聘中文翻译。姐姐在培训中真切地感受到了罗氏游戏治疗的魅力，并热切希望能够读到完整的著作，深信本书的翻译出版一定会帮助更多像她一样的心理工作者和无数在暗夜中寻找灯塔的自闭症孩子及家人。于是，姐姐给旅居加拿大的我打来越洋电话，期望我来翻译这本书。

姐姐帮助自闭症儿童的工作让我深受感动，加之自己也见过身边许多苦苦挣扎的自闭症孩子和家庭，此时的我感到了一份义不容辞的责任。经过戴婕编辑的甄选，我有幸成为译者之一，与国内开始了东西半球跨越时空的合作。

对我触动最大的事情是我签约之后看了一出《海洋天堂》话剧。原本幸福的家庭因为有了一位叫大福的自闭症孩子而陷入痛苦的深渊，最终支离破碎。妈妈奔走求助，试遍各种办法，却终因收效甚微而绝望地投海自尽。爸爸倾尽所有，呕心沥血，陪伴儿子缓缓成长。正当大福在机构老师的帮助下掌握了生活的基本技能时，爸爸却身患肺癌，将大福托付给海洋馆馆长后遗憾离世。这是一个令人心碎的故事，大福的坎坷成长，他父母的残酷遭遇，机构老师的坚持不懈，海洋馆馆长的关爱支持，揪心、震撼、温暖、感恩使我义无反顾、坚定信心，迎难而上。

尽管我在翻译生涯中历经磨炼，长耕不辍，译过各种类型、不计其数的作品，但毕竟对自闭症学科接触不多，在翻译过程中遇到的阻碍不言而喻。因此，我在翻译中做到字斟句酌、精益求精，对每一个术语、疑点都会仔细查证，力求表达专业。在查阅了大量资料的同时，我得到了包括姐姐在内的专业人士的指导和帮助。内心的执着、家人的支持和各方的鼓励是我日复一日潜心投入的力量源泉。无此，这本书的翻译必定难以完成。

尤值一提的是，姐姐一边参加培训，一边成为罗氏游戏治疗的用心实践者，她学以致用，将评估体系、干预措施及家长培训等应用于治疗当中，获得良好的效果，帮助自闭症儿童和家庭找到更加快捷的出路，以及开发出更多的可能性。

这里要特别感谢本书的另一位译者，也是经过翻译选拔脱颖而出的潘歆老师。我们先定下了基调，然后分头翻译，完工后互换译文进行仔细校对，对专业术语乃至文辞风格做了统一梳理，最后合并成书。貌似简单的步骤饱含的却是我们各自本职工作以外无数的时间、精力、艰苦与修为。我们相互讨论、共同学习，在智慧交融的过程中激发灵感。遇到这样一位拥有强烈的社会责任感和使命感，具备深厚的心理学专业训练和职业背景，又对英语语言和翻译工作有着浓厚兴趣和深刻理解的合作者实在是我的幸运。她无疑是本书专业质量的进一步保证。

开始投入本书的翻译时尚不知新冠病毒为何物，到译著付梓之间仍看不到全球抗疫的尽头。一场猝不及防的疫情，中断甚至终止了许多自闭症孩子原本的康复干预之路，使特殊的儿童和家庭又遇到了新的挑战，面临命运前所未有的考验。有调查显示，65% 以上的自闭症家庭选择居家干预。困境之下，我们衷心地希望译著可以为居家避疫的自闭症孩子和家人增加一些选择，为治疗师补充更多的能量，让所有人都怀抱希望，不因疫情停下前行的脚步。

《自闭症儿童和青少年游戏治疗》一书的翻译出版，要感谢中国轻工业出版社"万千心理"的鼎力引进，以及其他相关人员的幕后支持，为本书的顺利出版付出了宝贵的时间和精力。译本虽经多次修改，仍难免有疏漏或欠妥之处，恳请读者不吝批评指正。在第 14 个世界自闭症关注日（4 月 2 日）即将到来之际，我们将之呈现给广大的读者，作为一份献礼，向那些坚定勇敢地面对自闭症的"星星的孩子"、家庭、心理工作者、机构以及其他为之孜孜奉献的人们表达我们无限的敬意。

爱的海洋，就是天堂！

覃巧玲

2021 年 3 月于温哥华

译者序二

2019年6月和12月，我参加了由罗伯特·杰森·格兰特老师亲授的"罗伯特自闭症游戏治疗认证课程（中国区）"的连续培训，这是我第一次接触儿童自闭症方面的培训。一位知道我对儿童心理治疗很感兴趣的朋友问我，如果你对儿童治疗感兴趣，有很多游戏治疗培训可供选择，为什么偏偏选择去参加自闭症儿童的培训呢？我，一时没找到答案。自华东师范大学心理学硕士毕业后，就一直在高校从事大学生心理健康工作的我，平时也接触一些成年人的心理咨询工作。但好像从大学三年级在精神科实习开始，就对于心理疾病更感兴趣，对这些病人充满了好奇，同时也充满了敬畏。武汉中德心理医院创始人曾奇峰老师曾经说过："精神分裂症的自救，是整个人类寻求自救的一部分，而且一定是最惨烈，最辉煌的那一部分。在我们满含泪水地观看的时候，也别忘了施以援手，因为他们不仅仅是他们，他们也是我们的一部分；他们代替我们变得疯狂，所以我们才得以远离最深重的苦难。"我想，患有自闭症的儿童也是我们的一部分，因为他们，我们才得以健康快乐地生活。他们相比患有其他心理疾病的孩子来说需要得到更多的帮助，我们也需要为他们做得更多，这也许就是认识罗伯特老师的某种契机吧。

作为罗伯特老师的一名学生，我非常有幸可以参与此书的翻译工作，虽然参与翻译此书的初衷是出于自己对儿童心理治疗的喜欢，对自闭症相关理论内容的兴趣，以及对英语语言学习与翻译的热爱，但在参与培训时，让我深受感动和震撼的是那些长期与自闭症儿童进行工作的咨询师身上肩负的压力与使命。由于自闭症谱系障碍的特殊性，每一次细小的进步对这些孩子来说都是值得雀跃的事情，而作为咨询师则需要花费比普通咨询师更多的时间和精力。虽然这些细小变化带来的喜悦可以让他们有力量继续投入后续的工作，但是对他们来说在整个治疗过程中持续不断的压力，来自孩子父母的不安和焦虑，来自周围人的不理解、家人的不支持，时常让他们陷入困境。而《自闭症儿童和青少年游戏治疗》中文版的出版，可以为这些负重前行、值得敬畏的咨询师提供更多切实可行的治疗方法。除了书籍，也衷心希望可以有机构与专业的心理咨询师合作为这些咨询师提供更多的心理支持服务，让他们更有力量前进，也为更多的自闭症儿童及其家庭带去希望。

《自闭症儿童和青少年游戏治疗》是一本极具实践应用价值的工具书，书中罗列了与自闭症谱系障碍相关的理论知识内容，也涵盖了一系列已得到认证的治疗方法的简介，同时罗伯特老师为与自闭症儿童和青少年工作的治疗师提供了一套完整的罗伯特自闭症游戏治疗方案，从理论基础，到不同治疗阶段需要使用的评估量表，以及极具操作性的游戏方法。家长也可以参阅本书中的指导，在家与孩子一起进行游戏。参加培训时，让我感受颇深的是，整套罗伯特自闭症游戏治疗方案非常细致，在进行游戏示范时，罗伯特老师一直将孩子的感受放在首位，提醒学员要时刻考虑游戏进程中孩子是否会出现不适，同时尽可能地关注发生在自闭症儿童身上任何细微的变化，并且阶段性地与家长确认治疗目标，从情感、行为、联结三个发展领域开展游戏治疗，关注自闭症儿童的发展。附录部分包含大量辅助材料，可以为开展后续的相关治疗提供参考。

《自闭症儿童和青少年游戏治疗》由我和覃巧伶老师共同翻译，覃老师主要负责本书开篇至第五章的部分，我主要负责第六章至附录部分，虽然在翻译进程中查阅了大量与自闭症相关的书籍，也多次与自闭症工作者进行深入交流与探讨，但是因对于该领域的理论知识和实践运用较少，难免会有不足之处，还望各位读者批评指正。

最后想要感谢中国轻工业出版社"万千心理"给我们提供了此次翻译的机会。感谢我的家人和朋友，在翻译本书期间给予我鼓励、支持和帮助，也是因为你们，这本书的翻译才得以完成。更要感谢覃巧伶老师，在英语翻译专业领域给予的指导和帮助。相信这本书的出版可以给更多与自闭症儿童和青少年工作的咨询师带去力量,给更多自闭症患儿的父母带来希望。

潘 欹

2021年3月于上海

序　言

　　三十多年前，我出席了一场研讨会，演讲主题是如何与自闭症儿童及其家庭一起工作。演讲者是当时公认的一位业界专家。报告内容主要涉及行为治疗方法的运用，其中部分内容使人受益匪浅。然而，那天的演讲中有一句话却令人大跌眼镜。演讲者自信满满地侃侃而谈："行为治疗方法是唯一具有疗效的方法。这些儿童虽然没有情感，但是，他们对操作性治疗方法会产生条件反射。"开始，我以为自己出现了幻听，于是我请教其他几位与会者，问问他们究竟听到了什么，结果我们都听到了这句话。尽管当时我并没有医治自闭症儿童的经验，但是我已经在心理健康领域深耕多年，专注于儿童和成人的发育障碍和情感障碍。坦白地说，我不认为这种说法是正确的，它完全没有根据。

　　随着时间的推移，我们的知识与日俱增。这些孩子毫无疑问是有情感的，虽然他们的发育轨迹可能不典型，但他们拥有与所有人一样的核心社交、情感和行为需求。生活给他们呈现出异乎寻常的挑战，而治疗师必须掌握多种多样的干预手段，以便可以运用这些手段，帮助那些孩子及其家人发掘全部潜能并充分享受人生乐趣。

　　当一名儿童或青少年被诊断为自闭症谱系障碍（Autistic Spectrum Disorder，ASD）时，它会影响每一个家庭成员，所以必须举全家之力去认识自闭症，充分了解儿童或青少年罹患自闭症的具体表现，并找到最适宜得当的治疗方法，以提高全家付出努力达到的效果，确保所有家庭成员都能过上尽可能圆满而富足的生活。家庭因为需要照料自闭症儿童或青少年而分散了精力，其他兄弟姐妹也同样需要关注。一边要帮助自闭症的孩子，一边还要千方百计补充能量来照顾自己的需求。这时候父母往往承受着额外的情绪负担，此时，家庭必须整合所有可以利用的资源，来帮助他们的孩子。

对于那些苦苦挣扎着寻求方法的家庭来说，治疗师可以为他们提供巨大的支持并指明前进的方向。然而，最为关键的还是，治疗师清楚地知道自闭症谱系障碍的种种表现以及对家庭生活的巨大消耗，在提供帮助的同时，治疗师既要在情感上产生共鸣，又要在方法上保证实用有效。他们必须孜孜不倦地自我学习，以便推荐或提供真正能帮助家庭中每一个人的工具和方法。他们必须摸清家庭结构，了解自闭症如何影响每个家庭成员的自身角色和相互关系，再影响家庭之外的人际关系。

几年前，当我第一次参加由罗伯特·杰森·格兰特博士主持的研讨会时，他把与自闭症儿童和青少年及其家人一起工作的多种治疗模式组合在一起的做法，给我留下了深刻印象。与多年前我曾参加的研讨会形成鲜明对比的是，他明确地承认自闭症包括行为、情感、社会和发育方面的障碍，同时重点论述了治疗师怎样才能帮助发现和发挥家庭成员各自的优点以及家庭的整体优势，他的技能养成训练的技法无疑是实现这一目标的捷径。

这本书充分分享了格兰特博士多年的学习积累，并提出了对自闭症的清晰认识。本书以保持共情、倡导家庭参与和充分理解自闭症的复杂性为指导思想和基础框架，概述了各种明确具体、实用性强的治疗方法。据我所知，没有任何一种资源能够如此包罗万象地帮助治疗师了解自闭症，然后又为他们提供林林总总的治疗工具。治疗师可以将这些工具应用于与儿童和家庭工作时所处的各种各样的情境。这本书是非常重要的资料，每一位自闭症治疗师都应该拥有和使用它。它的内容完整翔实，所论述的方法视角敏锐、极富创新性、信息丰富，其价值不可小觑。

如果我需要为治疗师选择一种资源，方便他们理解和帮助患有自闭症的儿童和青少年以及他们的家庭，非本书莫属。我希望这本书能够赢得众多读者的青睐，因为一旦如此，许多家庭将获得帮助。自闭症孩子尽管面临着多重挑战，但是仍然可以充分发挥自己的潜能。这是一本"授人以渔"的书，治疗师可以从丰富多彩的知识信息和创新观点中获取力量，然后他们可以更好地将这些力量赋予与他们一起工作的父母和孩子。

阿尔伯特·爱因斯坦（Albert Einstein）说过："在困难中蕴藏着机遇。"这本书提供了非常实用、激发灵感的方法，治疗师可以用来帮助家庭找到那些隐藏着的机遇。

莱斯·范弗利特（Rise VanFleet）博士
注册游戏治疗师督导（发育行为综合疾病）
家庭强化与游戏治疗中心主席
于美国宾夕法尼亚州

前　言

罗伯特自闭症游戏治疗（AutPlay Therapy）的发展历程起步于几年前，从第一位自闭症谱系障碍患者来到我的办公室的那一刻开始：他是一名正在读小学的男孩，被诊断为阿斯伯格综合征。在职业生涯的这个阶段，我对游戏治疗方法的使用已经得心应手，但是对于治疗自闭症患者，我的知识和经验却少得可怜。要说我在游戏治疗方法上没有成就是不准确的，我确实获得了成功，我的来访者也取得了进步。但是我强烈地意识到我们还缺少一些东西，我们可以而且应该争取更大的成果。我也意识到，我对这个男孩的父母知之甚少，因而无法帮助他们面对身为患者父母所经历的困难，缓解他们对身处家中或学校的孩子的担忧。

这名患儿的父母给了我很大的启发，我立即与他们产生了共鸣。我倾听了他们的故事、他们的挣扎、他们的恐惧，我立刻想要帮助他们。我迫不及待想要做一些事情，让他们的生活变得更好，为他们的孩子、他们自己和整个家庭提高生活质量。于是，我想提升我的知识基础，这样我就能更加有效地与自闭症谱系障碍患者的家庭相处。

就在那时，我开始了一段人生旅程，在自闭症谱系障碍领域接受全面的教育和培训，并把自己置身于一个能够为家庭提供有效治疗和支持的位置。我的旅程带我去了很多地方，学习了名目繁多的方法，从应用行为分析（applied behavioral analysis，ABA）到地板时光（Floortime），从社交故事（Social Stories）到中枢神经系统反应训练（Pivotal Response Training），从无谷蛋白饮食到动物辅助疗法，凡是我可以接触到的、能让我更好地帮助来访者的方法，我都一一涉足。我对自闭症和其他发育障碍的相关知识日益增长。

我开始注意到我正在学习的诸多治疗方法都有一个共同趋势，许多方法于我已经了然于心，并与在各种游戏治疗方法中实施运用的技术完全不谋而合、神形兼似。我想，为了达到每个自闭症治疗的具体目标，我们或许可以创造一种对孩子和父母同时行之有效的游戏治疗方法。我开始把素材归类，对我所服务的来访者进行案例研究。我发现我的方法在治疗自闭症和其他发育障碍问题的过程中为患儿和家庭带来了非常积极的效果。这种方法不断地发展，最终命名为"罗伯特自闭症游戏治疗"。治疗流程在研究中不断得到改进，罗伯特自闭症游戏治疗最终发展为治疗自闭症和其他发育障碍的一种操作性极强的方法。

本书的目的是让治疗师对罗伯特自闭症游戏治疗有一个全面了解，它提供了一种综合广泛的方法来与患有自闭症、神经发育障碍和其他发育性残疾的儿童和青少年一起工作。本书很像一本治疗手册，为治疗师与自闭症儿童和青少年工作提供了一整套浓缩精华的治疗方案，并提供了由始至终的治疗方法指南。

本书对自闭症谱系障碍和其他发育性残疾做了全面的概述，因此，治疗师可以从中获取关于这些复杂的疾病的基本知识。我们鼓励治疗师不断增加他们关于自闭症谱系障碍和其他发育障碍的知识，对于那些已经充分了解自闭症谱系障碍的治疗师来说，罗伯特自闭症游戏治疗的方法将更加富有意义。

为了有效地实施罗伯特自闭症游戏治疗，治疗师必须具备与可能遇到的各种发育疾病相关的渊博知识。因为，对这些障碍有一个完整的认识，并形成知识体系，对于创建能够有效促进儿童技能发育的指导性游戏治疗方法（这是罗伯特自闭症游戏治疗的主要特色之一）是至关重要的。本书绝不可能覆盖自闭症谱系障碍和所有发育障碍的一切问题，附录部分提供了推荐读物，以提升治疗师在自闭症和其他发育障碍方面的知识水平。

本书总结回顾了一系列已被认可的治疗方法和理论基础，罗伯特自闭症游戏治疗的创建受到了它们的深刻影响。此外，本书详尽描述了罗伯特自闭症游戏治疗的方法、罗伯特自闭症游戏治疗的三个阶段、家长培训方案、罗伯特自闭症游戏治疗的调查数据，以及几项着眼于特定技能发展的基于游戏的指导性干预。

附录为治疗师提供了一些资源，而且更进一步地提供了在罗伯特自闭症游戏治疗全过程中需要用到的许多清单和表格，并配以注解，供治疗师使用。附录中还列出了关于其他几种基于游戏的自闭症谱系障碍治疗方法的信息，以及一些推荐给治疗师和患者家庭的资源。本书是一部全面的指南，旨在为与自闭症儿童工作的治疗师提供一个坚实可靠的治疗途径，从启动治疗直到达成治疗目标。

致　谢

我要感谢我的妻子费丝（Faith）、我的家人和朋友们！对于我的事业，你们一直鼎力相助，给予我鼓励和支持；对于我所做的事情，你们无比包容，充满兴趣。这对我来说意义非凡，我感谢你们所有人！我还要特别感谢我的儿子，让我从一些不应被忽视、不可或缺的游戏时光中抽身出来写这本书。

我认识了许多心理健康和自闭症领域的杰出人才，结识了众多专业人士并与他们成为朋友，获得了无数灵感、支持和鼓励。这让我诚惶诚恐不敢提及任何名字，因为我害怕遗漏某一个人。不过，我依然要特别诚挚地感谢乔安妮·拉腊（Joanne Lara）、安妮特·布兰登堡（Annette Brandenburg）、戴娜·阿尔特（Dayna Ault）、丹尼丝·菲力（Denise Filley）、特蕾西·特纳-邦贝利（Tracy Turner-Bumberry）、丽安娜·罗文斯坦（Liana Lowenstein）、莱斯·范弗利特（Rise Vanfleet）、奥德丽·格列根·莫迪科安娜（Audrey Gregan Modikoane）、比尔·彭斯（Bill Burns）、狄安娜·格林贝格（Deanne Gruenberg）和盖瑞·约克（Gary Yorke），你们一直都在支持我，支持罗伯特自闭症游戏治疗，感激不尽，谢谢大家！

我也要感谢那些切实激励我撰写、创作和竭力帮我推进罗伯特自闭症游戏治疗的人：坦普尔·葛兰汀（Temple Grandin）、托尼·艾特伍德（Tony Attwood）、卡罗尔·格雷（Carol Gray）、凯伦·莱文（Karen Levine）、香塔尔·西西尔-基拉（Chantal Sicile-Kira）、伊莲娜·吉尔（Eliana Gil）、埃里克·格林（Eric Green）、切丽·斯皮哈尔（Cherie Spehar）和特利·科特曼（Terry Kottmen），你们的文章、报告、谈话和交流都对我产生了许多积极的影响——谢谢你们！

　　非常感恩、感谢所有持有合格证书、使用罗伯特自闭症游戏治疗方法的同行！你们每个人都来参加了罗伯特自闭症游戏治疗的培训，我感到十分荣幸，并为你们极力想帮助自闭症患者改善生活的愿望感动不已。

　　感谢我的游戏治疗社区的所有人！我很高兴能够认识你们每一个人，有缘与你们相遇继而深入了解你们中的许多人，这使我深受鼓舞。感谢美国密苏里州游戏治疗协会，能够成为这个伟大协会的一分子，荣升为协会的理事会成员，我感到万分荣幸并乐在其中。

　　感谢我所在地区的自闭症社区！你们都非常优秀，我很高兴能够身处于这个富有而充满关爱的社区。密苏里州西南自闭症网络协会（Southwest Autism Network of Missouri，SWAN）、密苏里州自闭症报告部门（Missouri Autism Report，MAR）和自闭症儿童母亲联合会（Moms of Children who Have Autism，M.O.C.H.A），感谢你们的支持！

　　特别的感谢要献给为我编辑、校对的朋友温蒂·伊诺（Wendy Eno）。有你对本书的全身心投入、聚精会神、追求完美，一切都让我感到幸福和安心。

目　录

第一章
自闭症谱系障碍和发育性残疾 / 001

  自闭症谱系障碍概览 …………………………………… 003
  发育性残疾 ……………………………………………… 017

第二章
罗伯特自闭症游戏治疗基础 / 025

  罗伯特自闭症游戏治疗概览 …………………………… 027
  游戏治疗 ………………………………………………… 027
  行为治疗 ………………………………………………… 036

第三章
罗伯特自闭症游戏治疗方法 / 039

  罗伯特自闭症游戏治疗概览 …………………………… 041
  罗伯特自闭症游戏治疗的首要目标领域 ……………… 053
  罗伯特自闭症游戏治疗的次要目标领域 ……………… 060
  罗伯特自闭症游戏治疗的阶段 ………………………… 061
  家长培训 ………………………………………………… 065
  "跟随我"方法 ………………………………………… 071

第四章
研究发现和实例探究 / 083

研究发现 ································ 085
实例探究 ································ 086

第五章
情绪调节干预方法 / 099

情绪脸谱扇 ····························· 101
我和我的情绪 ·························· 104
情绪与场景 ····························· 107
情绪侦探 ································ 110
心情故事 ································ 113
情绪字母表 ····························· 116
焦虑树 ··································· 120
时间表派对 ····························· 123
原计划 / 新计划 ······················· 125
洋芋头先生的情绪 ···················· 128
识别他人的情绪 ······················· 131
情绪色板钥匙串 ······················· 134
情绪脸谱纸牌 ·························· 137
心理理论木偶 ·························· 139
我的情绪卡 ····························· 142

第六章
社交技能干预方法 / 145

社交技能擦除 ·························· 147
社交技能游戏棒 ······················· 150

杂志时光	154
行为识别	157
社交技能袋	160
友谊宇宙	163
角色扮演	166
友好糖果活动	169
我的安全轮	172
会话泡泡	175
如何说？如何做？	178
泡泡社交技能	180
社交砖块路	183
分工合作	186
摆造型	189

第七章
联结干预方法 / 193

跟我做	195
跟随我的眼睛	198
身体泡泡	201
家族姓氏	204
纸艺装饰	207
我身边的人	210
温柔的触碰	213
糖果花花公子	216
帽子和面具	219
和我聊聊你的家庭（沙盘游戏）	222
创作与演绎	225
你、我和乐高积木	227
家庭泡泡	230

交换呼啦圈 ··· 232
　　让我们黏在一起 ··· 235

附录
附加资源 / 239

　　摄入及评估阶段指导 ··· 241
　　指导家长实施"跟随我"的方法 ································ 242
　　"跟随我"方法中关于设置限制的指导 ·························· 243
　　情绪清单 ··· 245
　　常用的社交技能清单 ··· 246
　　罗氏游戏治疗推荐的玩具和材料 ······························· 247
　　罗氏游戏治疗表单 ··· 248
　　其他基于游戏的自闭症治疗方法 ······························· 285
　　适合自闭症和发展障碍的应用程序 ····························· 291

参考文献与推荐阅读 / 297

第一章　自闭症谱系障碍和发育性残疾

自闭症谱系障碍概览

本书的目的不是要对自闭症谱系障碍、中枢神经发育障碍和发育性疾病进行全面和深入的介绍，而是提供这些领域的相关信息摘要，以帮助治疗师更好地了解此类残障，进而理解罗伯特自闭症游戏治疗方法并实施基于游戏的指导性干预治疗。我们鼓励治疗师在自闭症和其他发育障碍的知识领域内不断地学习和提高，为此，我们在附录中列出了参考文献和推荐阅读书目。

根据美国自闭症协会（Autism Society of America，2014）的描述，自闭症谱系障碍是一种复杂的发育障碍，通常出现于一个人生命前三年的婴幼儿期。自闭症是神经系统出现障碍，影响了大脑的正常功能所导致的疾病，主要是影响大脑在社交互动和沟通技巧领域的正常发育。

美国疾病控制与预防中心（Centers for Disease Control and Prevention，2015）提出自闭症是对社会交往、相互沟通和行为方式形成极大挑战的一种神经发育障碍。自闭症患者通常在外表上与其他人并没有什么区别，而在交流、互动、行为和学习方式上却异于常人。自闭症患者之间在学习、思考和解决问题的能力上差别极大，也许会极其困难，抑或天赋异禀。日常生活中，有些患者需依赖众多帮助，而另一些患者则无须太多照顾。现在，自闭症的诊断纳入了以往被分别诊断的几种情况：自闭症障碍（autistic disorder）、未特定的广泛性发育障碍（pervasive developmental disorder, not otherwise specified, PDD-NOS）和阿斯伯格综合征（Asperger's syndrome）。这些症状如今都统称为自闭症谱系障碍。

根据《精神障碍诊断与统计手册》第五版（*Diagnostic and Statistical Manual*，5th Edition，DSM-V，2014）自闭症谱系障碍的鉴别诊断，通常需要评估者通过大量的测试、评估和观察，来检测儿童或青少年的行为，在进行全面的心理评估之后才能做出诊断。这种障碍是一种谱系障碍，其症状的程度可以从相当严重到非常轻微不等。用来描述症状程度差异的常用术语包括高功能和低功能，轻微受损和严重受损。儿童和青少年自闭症患者可能有相似的症状,但是他们的患病程度有轻有重,伴随出现的其他特征也不尽相同(精细动作是否笨拙、智力是否正常、语言表达能力是强还是弱)(Coplan,2010)。

患有自闭症谱系障碍的儿童和青少年通常在言语和非言语交流、社交互动、情绪调节以及休闲和游戏技巧方面存在困难。他们可能也伴有反复的身体动作(如晃手、摇摆)、对他人的异常反应和对物体的依恋。他们还会出现重复刻板行为,使得他们很难在日常生活或此时此地做出微小的改变(Williams & Williams,2011)。此外,这些儿童和青少年可能对感觉处理上有不恰当的反应或过分敏感。通常,自闭症患者不会出现使他们看上去有别于常人的身体上的差异和特征。儿童和青少年患者的交流、互动、行为和学习方式可能不同于发育健全的同龄人,与人们平常所理解的正常的交流、互动和学习方式也不是一回事。

儿童和青少年自闭症患者会发展出一定的语言能力,但语言理解力可能很差,有时会缺乏语言运用知识或社交词汇。沟通缺陷有多种表现,包括表达能力存在障碍但理解能力正常,表达和理解能力同时出现障碍,口语能力受损的结构性语言障碍以及发音障碍(Williams & Williams,2011)。在自闭症儿童和青少年当中,语言理解能力通常都比较低,但是语言表达能力却高出一大截,因此使得与他们一起工作的成年人认为,既然其语言表达能力已经达到甚至超过平均水平,他们的语言理解能力应该处于同一水平。

患有自闭症的儿童和青少年可能会持续重复性动作(例如,重复地排列物体),可能会像念台词一样重复某些词语,或背诵他/她听过的整本书,或看过的整部电视节目或电影(Greenspan & Wieder,2006)。在与这类诊断的儿童和青少年工作时,我们必须注意自闭症相关疾病症状的多样性以及病情的轻重程度,并全面评估每一位儿童和青少年的个体情况,找出其发育成长过程中的重要事件和深层原因,这些情况可能与适龄成长发展阶段的表现有所不同。

自闭症患者通常伴随关系建立、社交沟通和执行能力方面的困难。自闭症是一种复杂的发育障碍。患者症状表现各异,也可能出现多种症状的组合。每一位确诊患有自闭症的儿童,不一定会表现出所有症状,患病的轻重程度也不尽相同(Greenspan & Wieder,2006)。

自闭症谱系障碍对患者的损伤程度可能很严重，也可能较轻微。在谱系中呈现重度损伤的儿童不能说话，伴有较严重的发育迟滞。呈现轻度损伤的儿童能够在普通学校的教室里正常学习，最终可能达到不再符合自闭症的诊断标准。即使两个患儿的诊断结果相同，他们的症状表现也不尽相同。一位患有自闭症谱系障碍的儿童可能缺乏语言能力，智商也很低，另一位得到相同诊断的儿童却可能拥有高于平均水平的智商，而第三位儿童可能在语言和智力上都十分出色。另外，常用术语"低功能"和"高功能"只是用来描述儿童在自闭症谱系中的位置（Exkorn, 2005）。一种较为准确地观察自闭症的方法可能是单独观察每一位儿童，然后标注出这名儿童的各项技能发育水平所处的位置，并对他/她进行评估。因为实际上我们并不能将患有自闭症的儿童和青少年笼统地归类为低功能或高功能——根据他们各自的功能和技能水平，每位儿童在谱系中都有自己相应的位置。

罗伯特自闭症游戏治疗专门针对自闭症儿童的核心缺损区域，主要包括情绪调节、社交互动、游戏技能、情感依恋以及联结。罗伯特自闭症游戏治疗是专为帮助功能从严重受损到轻微受损的儿童和青少年设计的。自闭症的诊断标准是罗伯特自闭症游戏治疗的关键，可以让我们更好地了解儿童或青少年可能存在的受损和损伤程度，然后根据患儿的受损情况设计出有针对性的游戏治疗方案。

自闭症谱系障碍的诊断标准

自闭症谱系障碍的具体诊断标准（299.00）参见《精神障碍诊断与统计手册》第五版（DSM-V, 2014）。该标准进行了分类设定，评估人员需要遵循手册的步骤，在诊断儿童和青少年是否患有自闭症谱系障碍时，必须确认满足其中的每个分类标准。以下是该手册关于自闭症谱系障碍诊断标准的概要：

> 社会交往、情感交流的缺陷，表现范围从不正常的社交方式和不能进行正常对话，到兴趣、情绪或情感分享意愿降低，到不能启动或回应社交互动的程度。在社交互动中使用非言语交流行为的缺损，表现为从言语和

非言语沟通整合困难，到没有眼神交流和肢体语言异常，不能正确理解和使用手势，直至完全缺乏面部表情和非言语交流。发展、维持和理解人际关系的缺陷，比如，难以调整行为以适应各种社交场合；在分享假想游戏或交友方面存在困难，对同龄人缺乏兴趣，刻板或重复地进行躯体运动、使用物体或语言（例如简单的躯体刻板运动、摆放玩具或翻转物体、模仿语言、特殊短语）；表现固执，坚持不变的日常活动、程序化的言语或非言语行为模式（例如，对微小的变化感到极端痛苦，难以改变，僵化的思维模式，仪式化的问候，每天需要走相同的路线或吃同样的食物）；高度受限的、固定的兴趣，其强度和专注度均处于异常（例如对不寻常的物体产生强烈依恋或先占观念，过度局限或持续的兴趣）。对感官输入的反应过度或反应不足，或对环境的感受方面不同寻常的兴趣（例如对疼痛/温度明显毫无感觉，对特定声音、纹理材质、强烈异味或触摸物品有不恰当的反应，对光线或运动的凝视）。

自闭症谱系障碍的统计数据

以下统计数据取自美国疾病控制和预防中心（Centers for Disease Control and Prevention，2015）：

- 据估计，美国平均每 68 名儿童中就有一名患有自闭症谱系障碍。
- 据报道，自闭症谱系障碍在所有种族、民族和社会经济群体中均有发生。
- 自闭症谱系障碍在男孩中（1/54）的发病率几乎是女孩（1/252）的 5 倍。
- 自闭症谱系障碍往往多发于有特定遗传或染色体条件的人群。大约 10% 的自闭症儿童也被诊断患有唐氏综合征、脆性 X 染色体综合征、结节性硬化症以及其他遗传和染色体疾病。
- 自闭症通常容易并发其他发育障碍和精神病学、神经学、染色体及遗传学疾病。自闭症与一项或多项非自闭症发育障碍疾病的共病率为83%，与一项或多项精神病学疾病的共病率为10%。

- 大约40%患有自闭症谱系障碍的儿童根本不会说话，另外25%~30%的自闭症儿童在12—18月龄时能说一些单词，但后来又丧失了语言能力。还有一些自闭症患儿到了童年后期才会说话。
- 2006—2008年，美国约有六分之一的儿童患有发育性残疾，从轻度残疾（如言语和语言损伤）到严重残疾（如智障、脑瘫和自闭症）程度不等。
- 近一半（46%）的自闭症儿童的智力水平处于平均水平，甚至高于平均水平。
- 最早诊断出罹患自闭症的平均年龄为4.5—5.5岁，但是51%~91%的自闭症患儿在3岁之前已有发育问题的患病记录。
- 研究显示，2岁时得出的自闭症谱系障碍的诊断结果是可靠、有效和稳定的。尽管有证据表明自闭症通常在18月龄左右可诊断出来，但是很多孩子直到更大一些才得到最终确诊。
- 研究表明，许多自闭症谱系障碍患儿的家长在孩子满一岁以前就注意到了发育问题，但是在这一年里家长更多见的是因为担心视力和听力问题而问诊，而实际上，社交、沟通和精细运动技能的差距在6月龄时就已经有了迹象。
- 据估计，与未患自闭症的儿童相比，照顾一位自闭症患儿每年至少要多花费17 000美元。费用包括医疗保健、教育、自闭症相关治疗、家庭协调服务和照料者时间。对于一位重度自闭症患儿，每年的花费增加到21 000美元以上。合并统计，2011年照顾自闭症儿童的社会总成本估计超过90亿美元。

自闭症谱系障碍的早期发现

美国疾病控制与预防中心提出了一项计划，以帮助家长和专业人士了解和评估自闭症谱系障碍的早期征兆。此外，该中心还向家长和专业人士提供正常发育的标志和行为的相关信息。自闭症的早期发现能使护理人员在儿童处于最佳发育期的关键时刻开始为孩子提供服务。早期发现通常意味着孩子在1—2岁时得到诊断，而实际情况是，许多自闭症患儿直到很晚才得到诊断。正如前面的统计数据指出的那样，自闭症确诊的平均年龄为4.5—5.5岁，这对于早期干预治疗来说为时太晚。

如果一名儿童在4岁以前被确诊为自闭症谱系障碍，这为他/她提供了进入早期干预治疗的机会。大多数早期干预项目在治疗儿童自闭症方面非常成功，而且提供了多层面途径帮助患儿在技能和发育方面取得巨大进步。事实上，大量的研究证明，早期干预项目，即使项目与项目之间可能存在很大区别，但是仍然能为儿童提供学习获得关键技能的最佳途径（Corsello，2005）。

早期发现意味着患儿可以被识别和诊断为自闭症谱系障碍或发育障碍，并在年纪还小的时候开始治疗。早期发现和治疗为促进儿童的技能发展提供了更好的机会。早期干预项目在美国大多数州都很普遍，并为儿童提供适当的治疗，以改善他们的发育迟滞。罗伯特自闭症游戏治疗为自闭症的早期检测提供支持。罗伯特自闭症游戏治疗的摄入和评估流程可以提供自闭症筛查，以帮助家长开始鉴别自闭症谱系障碍，随后为患儿家庭推荐早期干预项目。

根据罗伯特自闭症游戏治疗提供的参数指标，治疗师可以实行自闭症筛查。罗伯特游戏治疗的自闭症筛查程序可以作为一种工具，供治疗师对儿童进行观察和评估，以确定对自闭症谱系障碍的疑似病例是否需要做进一步评估或其他检查。自闭症筛查并不是一个诊断过程，它只是提供了一个更为简便的程序来甄别需要进一步评估的对象。尽管治疗师在进行自闭症筛查时有很多方法可以选用，但是罗伯特自闭症游戏治疗的筛查过程具有下列优势。

1. 整个筛查过程需要2~3小时，可以在某个场景下进行，也可能需要穿插在会谈中。
2. 家长需要填写三份关于孩子的表单，也可以把这些表单交给其他熟悉孩子的成年人填写，即可由多人填写用于评估孩子的表单。
3. 在筛查过程中使用的三份标准表单分别是：《自闭症治疗评估检查表》

（Autism Treatment Evaluation Checklist，ATEC）、《罗氏游戏治疗自闭症检查表》（AutPlay Autism Checklist）和《新版幼儿自闭症检查表》（附带《跟踪检查表》的修订版；Modified Checklist for Autism in Toddlers, Revised with Follow-Up，M-CHAT-R/F）。这三份检查表将由家长填写，完成后交还给治疗师进行评分和检查。

4. 治疗师将在游戏室里对儿童进行观察，这一环节通常持续30~45分钟。治疗师可以使用附录中的《罗氏游戏治疗儿童观察表》（AutPlay Child Observation Form）。随后，治疗师在游戏室里同时对父母及其孩子进行观察，这一环节持续大约30分钟，这时，治疗师可以使用附录中的《罗氏游戏治疗儿童/父母观察表》（AutPlay Child/Parent Observation Form）。
5. 当完成表单填写和观察步骤之后，治疗师和家长会对观察的过程和结果进行讨论，以确定是否需要做进一步评估。如果发现任何值得重视的情况，治疗师应建议该家庭进入早期干预计划或进行全面的心理评估。

自闭症谱系障碍的早期特征

根据美国国家心理健康研究所的研究（National Institute of Mental Health，2015），以下是自闭症谱系障碍患儿在患病早期可能出现的迹象。

- 儿童满一岁还不会咿呀学语，不会指点，也不会做出有意义的手势。
- 16月龄的儿童一个字也不会说。
- 2岁的儿童不会组词。
- 儿童对叫他/她的名字没有反应。
- 儿童丧失了语言和社交技能。
- 儿童似乎不知道如何玩玩具；
- 儿童过度地排列玩具或其他物品。

- 儿童依恋于某一特定的玩具或物品。
- 儿童不会笑。
- 儿童有时表现出听力受损。
- 儿童不能进行眼神交流。

其他迹象还包括儿童不会爬行；有支撑也不能站立；不会学习使用姿势，如摇头或挥手；不会搜索他/她看到别人隐藏的物体。

自闭症谱系障碍的其他特征

- 儿童不能够恰当地回应他人。
- 儿童不理睬其他孩子。
- 儿童不会进行眼神交流，想要独处。
- 儿童对假装或假扮游戏不感兴趣。
- 儿童说话含混不清或自言自语。
- 儿童失去了他/她曾经拥有的技能。
- 儿童不会表现出多种多样的情绪。
- 儿童非常难以理解别人的感受。
- 儿童很难说出自己的感受。
- 儿童表现出极端的行为（异常好斗、恐惧、悲伤、害羞）。
- 儿童一遍又一遍地重复动作。
- 当日常活动发生变化时，儿童难以适应。
- 儿童在社交场合表现得非常孤僻、不活跃。
- 儿童容易分心，难以对一项活动集中注意力。
- 儿童不回应他人，或者只是应付地回应一下。
- 儿童不能区分真和假。
- 儿童不参加各式各样的游戏和活动。
- 儿童不能恰当或准确地使用语言。

- 儿童有狭窄或强迫性的兴趣。
- 儿童只会谈论他/她自己或自己感兴趣的事情。
- 儿童说话的方式或声调不正常。
- 儿童很难读懂肢体语言。

自闭症谱系障碍的相关常用术语

以下是美国国家心理健康研究所（National Institute of Mental Health，2015）和自闭症之声（Autism Speaks，2015）给出的常用术语及其定义。

刺激（stimming）是一种重复的身体动作，比如晃手，被认为可以刺激一种或多种感觉。该术语是"自我刺激"的简称，人们认为它会产生某种与功能相关的感官输入。所以，重复动作或者刻板动作，通常都被称为刺激。

仿说（echolalia）是指孩子自动重复别人发出的声音，与仿说密切相关的是模仿动作，即自动重复另一个人的动作。自闭症和其他发育障碍患者常常会出现仿说的情形。儿童典型的仿说行为表现如下，有人问儿童，"你想吃晚饭吗？"儿童的应答是："你想吃晚饭吗？"接着会停顿一下，然后才回答："我想吃，晚饭吃什么？"与之相对应的是延宕仿说（delayed echolalia），延迟之后他/她会重复一个短语，比如重复电视广告、最喜欢的电影对白或者父母的责备。

情绪调节（emotional regulation）是指儿童注意到和回应内部和外部的感官输入，然后根据其周围环境的要求来调整自己的情绪和行为的能力。

感受性语言（receptive language）是对语言的理解——倾听和明白所沟通的内容，它是语言的接收方面。有时，阅读也被看作感受性语言，但有些人仅用该术语来表示口语交流。感受性语言技能包括倾听他人说话时的用心，理解语言信息的能力，处理语言信息的速度以及对语言信息的注意力。它还包括理解语言词汇的字面意义甚至比喻寓意，还有能够听从一系列命令。

表达性语言（expressive language）是指运用言语行为或语音形式与他人进行思想、观点和情感交流。

社交语言（pragmatic speech）是指用来沟通和进行社会交往的语言。

强迫行为（compulsion）是指遵循特定的规则而刻意重复的行为，如清洁、检查或数数。在年幼的儿童中，受限的兴趣模式可能是强迫行为的早期迹象。

执迷（obsession）是指一个人的思想或情感被某种执着的意念、想象、欲望等所支配，是一些会反复出现和顽固持续的想法，无论怎样尝试忽视或面对它们都无济于事。

过度唤起（hyperarousal）是一种心理和生理压力紧张的增强状态，由此产生的结果主要有疼痛耐受力降低、焦虑、惊恐反应加剧、失眠和过度疲劳。

唤起不足（hypoarousal）是一种身体消极怠工的生理状态，它可能包括忧愁悲伤、狂躁易怒和紧张不安的情绪。

感觉处理（sensory processing）是指神经系统接收感官信息并将其转化为适当的肢体动作和行为反应的过程。当感觉信号没有获得有序安排去形成恰当反应时，感觉处理就会出现问题，这会给执行日常任务带来挑战，可能表现为运动迟缓、问题行为、焦虑不已、抑郁沮丧和学业失败。人类有七个感觉处理区域，分别是视觉、嗅觉、味觉、听觉、触觉、前庭觉和本体觉。

固执（perseveration）是指在不合时宜的时候重复动作或"陷入"某一行为而不能自拔（例如不停地放入或取出一块拼图）。

眼睛凝视（eye gaze）是指盯着别人的脸看，检查和弄清他们在看什么，并发出信号表示对互动感兴趣。它是一种非言语行为，用来传达或交换信息或表达情感，而不是使用语言词汇。

心理理论（Theory of Mind，ToM）是指个体能够类推自己以及周围人的心理状态（如信仰、意图、欲望、假装、认知），并理解他人拥有不同于自己的信仰、欲望和意图的能力。

共同注意（joint attention）是指两个个体对同一个事物的共同关注。当一个人通过眼睛凝视、手势指引或其他言语或非言语形式的提示，向另一个人提醒注意某个客体时，就会达成共同注意。一个人盯住另一个人，看向一个目标，然后再把目光转向那个人，以此吸引他的注意力。

社交相互性（social reciprocity）是指社交互动的来回交流。相互性一词指的是一个人的行为如何影响另一个人的行为及被其所影响，反之亦然。

非典型的（atypical）是指不标准的，跟常见类型不一致、不规则或不正常。

典型发育（neurotypical）是一种标签，适用于描述不在自闭症谱系上的人。具体来说，典型发育的人拥有健全的神经发育进程和状态，与大多数人认为的正常状态一致。

发育迟缓（developmental delay）是指一名儿童没有在预期的时间内达到他/她的发育里程碑，是发育进程中一种持续发展的、可能轻微也可能严重的迟滞现象。

谱系障碍（spectrum disorder）是指按照《精神障碍诊断与统计手册》第四版的标准使用的一个术语，涵盖三种障碍，即自闭症、阿斯伯格综合征和未特定的广泛性发育障碍，它们都归入自闭症谱系障碍的范畴。

阅读早慧（hyperlexia）的特征是智商处于平均水平或高于平均水平，阅读单词的能力远远超过某个特定年龄的人的预期表现。它可以被看作一种超能力，这类人群的单词识别能力远远超出预期的技能水平。

失调（dysregulation）是在心理健康领域中使用的一个术语，是指情绪调节不良的过激反应，而不是传统意义上认为可以接受的情绪反应。它可以被看作儿童不能管理或调节他/她的情绪，这通常会导致各种负面行为。

个性化教育计划（Individualized Education Program，IEP）是美国联邦法规规定的一种教育计划，旨在满足残疾儿童的独特教育需求。一项个性化教育计划的目的是帮助儿童达到靶向教育目标。所有个性化教育计划均为《残疾人教育法》（Individuals with Disabilities Education Act，IDEA）规定强制执行。

自闭症谱系障碍的致病原因

目前尚不清楚自闭症谱系障碍的病因。患自闭症可能有多种原因。曾经有一段时间，人们一度认为不恰当的父母养育（母亲使用的育儿技术和方法）导致了自闭症。我们现在知道这一说法并不正确。关于自闭症的病因有多种理论，其中一些理论存在一定的错误认识（如认为是父母养育不当）。目前，自闭症病因的理论分为两大类：遗传因素导向和环境因素导向。

在科学界，自闭症谱系障碍通常被认为是多个染色体和基因受到影响的一种遗传性疾病（National Institute of Neurological Disorders and Stroke，2015）。环境因素导向的观点普遍认为，一些可能的原因包括某些食品、传染病、重金属、溶剂、柴油机废气、多氯联苯、塑料制品中使用的邻苯二甲酸酯、酚类化合物、杀虫剂、溴化阻燃剂、酒精、烟草、违禁药物和疫苗。

遗传因素和环境因素都有可能引起自闭症谱系障碍。一种主流观点认为，可能有许多原因，其中有一些是遗传因素和环境因素的组合作用。虽然关于自闭症的病因有很多种看法和理论，但是迄今为止，所有的看法和理论都缺乏可视为自闭症病因的支持性证据。

自闭症谱系障碍的治疗方法

目前还没有可以治愈自闭症的方法，但是，许多方法确实已经帮助儿童和青少年自闭症患者取得了长足进步。报道过的自闭症治疗方法共几百种，但大体上，它们可以分为四种类型：教育、行为、心理和生物医学（Barboa & Obrey，2014）。并不是所有提出的治疗方法都属于这四种类别，因为还有许多广告宣传的替代治疗和整体治疗方法可供选用。对于那些为孩子苦苦寻求最佳治疗方法的父母来说，名目繁多的治疗方法可能会让他们眼花缭乱、无所适从。治疗师可以协助家长，帮助他们确定要达到什么目标，然后将各种治疗方法进行分类，再仔细分析各种治疗方法的作用。Exkorn（2005）建议在评估一种自闭症治疗方法时应该提出如下几个问题。

1. 这是什么类型的治疗方法，它有什么作用？
2. 治疗的强度如何？
3. 有没有实证研究支持这种治疗方法？
4. 这种治疗方法与孩子的其他治疗能不能形成互补？
5. 我如何参与支持孩子的治疗？
6. 如何评估孩子取得的进步？
7. 治疗的费用是多少？

大多数前景广阔、日趋成熟的循证自闭症治疗方法是以行为、心理、教育为基础的。许多自闭症治疗方法在具体的治疗流程上会有一些交叉重叠，它们在类型上可能归为其中的两类或者三类。但是，无论属于哪一类型，大多数治疗方法都会用到技能训练技术，这意味着要制订一个具体目标，来帮助自闭症儿童和青少年增进技能发展，治疗方案应始终围绕这一目标来制订。自闭症患儿参与多种方案的治疗并不罕见。自闭症是一种错综复杂的疾病，它通常在多个领域影响儿童，如果采用综合的治疗方法，由几位不同专长的治疗师一起工作，每人负责治疗多个受损的领域，这种情况不仅很常见，而且经常得到推荐和采纳。治疗师可能会发现，他们同时在与其他专业人士（比如语言治疗师或临床医师）联合作战，甚至可能还会发现，他们碰巧也希望自己帮助的对象参与这些治疗。

罗伯特自闭症游戏治疗综合了教育、行为和心理治疗方法的要素，并以提高技能发展为重心，所以，行为和心理治疗的理论和技术构成了罗伯特自闭症游戏治疗的基础，这些理论和治疗技术对儿童和青少年自闭症的疗效已经获得了强有力的证据证明。从设计上讲，罗伯特自闭症游戏治疗是一种可以纳入其他自闭症治疗方案，并与其他疗法相互补充的治疗方法，而且罗伯特自闭症游戏治疗的方法与大多数其他基于行为、心理和教育的治疗方法保持着良好的一致性。

自闭症谱系障碍儿童患者的症状表现

- 不管儿童的功能水平如何，他/她在社交场合都有可能表现出糟糕的社交技能和强烈的不适。
- 儿童可能无法很好地调节自己的情绪。
- 儿童会在焦虑和高度失调中挣扎。焦虑通常是自闭症患儿面对的最具挑战性的负面情绪。
- 儿童通常会经历某种程度的失调，但问题是程度有多重。许多因素都可能造成失调，包括调节能力不足、缺乏社交技能、不能适应从未经历或意想不到的情况，以及出现感觉处理问题。
- 当感到失调时，儿童会出现极其不当的突发行为，但这既不是儿童有意为之，他/她也无法自我控制，这对儿童来说往往是异常恐怖的经历。
- 儿童在处理场景变化、更改时间安排、调整日常活动、结识新朋友或经历未曾体验的事情时都会倍感困难，任何突发事件都可能为其带来焦虑和不适。
- 儿童表现得可能比其实际能力更强，也可能比实际能力更弱。
- 儿童可能会面临大大小小的运动和协调能力的挑战。
- 儿童可能在七个感官方面的其中一个或多个出现大量的感觉处理问题。感觉处理问题有时难以看出，有可能被治疗师误以为只是无关紧要的不能适应环境的问题。
- 儿童可能是视觉型学习者，更喜欢接受以视觉形式呈现的信息。
- 儿童通常能够进行具体的和字面意义上的思考，但他/她很可能无法很好地处理以抽象或主观形式呈现的思想或信息。
- 儿童用言语交流他/她的想法或感受时会感到百般挣扎，尤其是正当他/她处于失调状态的时候。
- 即使儿童的语言表达能力很好，他/她在感受性语言能力方面也极有可能面临挑战。

- 儿童的技巧能力表现可能会前后不一致，他/她也许今天能够完成一项看起来极富挑战性的任务，但第二天却无法做到一件似乎轻而易举的事情。
- 儿童可能表现出强烈的过度唤起，也可能恰恰相反，出现极度的唤起不足。
- 儿童在学校和与同龄人相处的时候极易受到欺负。
- 儿童在遇到提问或任务安排时可能会反应迟钝。他/她可能需要更多的时间来处理别人对他/她说的话或提出的要求。
- 儿童可能会觉得学校是他/她所体验过的环境中感到最为力不从心、难以调适的地方。

发育性残疾

在讨论影响发育的各种疾病时，经常会用到几个术语。发育障碍（developmental disorder）、神经发育障碍（neurodevelopmental disorder）和发育性残疾（developmental disability）是其中最为常见的三个名词。出于本书的目的，这三个术语将会互换使用。自闭症谱系障碍属于发育性残疾的范畴，与此同时，有几种其他障碍也被视为发育性残疾。根据美国疾病控制和预防中心（Centers for Disease Control and Prevention，2015）的研究，发育性残疾是由精神和/或躯体损伤引起的多种类型的严重慢性疾病。发育性残疾患者在诸如语言、运动、学习、自理和自立等重要生活能力方面存在困难。发育性残疾会在出生到22岁之间的整个生长发育期的任何时候发病，并通常持续影响每个患者的一生。

美国国家儿童健康与人类发展研究所（National Institute of Child Health and Human Development，2014）将发育性残疾定义为可能会长期、严重地影响患者生理和心理能力的疾病。这些疾病通常会影响患者日常生活并持续终生，一般无法治愈，但是心理健康咨询等治疗方法可以帮助缓解症状。关于发育性残疾的病因有多种观点。有证据表明，主要是社会、环境和生理问题导致了发育性残疾。造成发育性残疾的一些常见因素包括以下几种。

- 脑损伤。
- 染色体和基因异常。
- 早产。
- 怀孕期问题。
- 怀孕期间滥用药物或酒精。
- 严重虐待儿童。

神经系统障碍、感知系统障碍、机体失调、代谢发育障碍和残疾，这些疾病有许许多多，不一而足，本书并不能完整阐述所有发育障碍的定义，但是，我们已经使用罗伯特自闭症游戏治疗方法来治疗多种发育障碍，包括注意缺陷/多动障碍、唐氏综合征、脆性 X 染色体综合征、感觉统合障碍、脑瘫、表达性语言障碍、癫痫疾病、抽动秽语综合征、学习障碍和各种染色体疾病。下面就根据诊断学分类（即医学、职业和心理学）对一些较为常见的发育障碍进行简要介绍。

医学分类

唐氏综合征：唐氏综合征是一个人出生时多了一条 21 号染色体而导致的疾病。唐氏综合征患者可能同时出现生理障碍和智力残疾，儿童患者常见记录有发育迟缓和行为问题。与没有罹患唐氏综合征的儿童相比，患病个体的言语和语言能力发育得较迟、较慢，而且患病个体的口语表达可能让人难以理解。出现的行为问题包括注意力问题、强迫性行为、倔强固执和狂躁易怒。一小部分唐氏综合征患者也被诊断出患有自闭症谱系障碍，这会影响他们的沟通交流和社会交往能力（National Institute of Neurological Disorders and Stroke，2015）。

脆性 X 染色体综合征：脆性 X 智力低下 1 号基因（fragile X mental retardation 1，FMR1）发生突变引起脆性 X 染色体综合征。脆性 X 染色体综合征是一种遗传性疾病，会导致一系列的发育问题，包括学习障碍和认知缺陷。通常，男性患病严重程度要远高于女性。

患病个体通常在两岁之前就出现了言语和语言发育迟滞。大多数脆性 X 染色体综合征的男性患者都有轻度至中度的智力障碍，而女性患者中大约三分之一有智力障碍。脆性 X 染色体综合征的儿童患者还可能有焦虑和多动的行为，如坐立不安和行为冲动。他们可能患有注意缺陷障碍（attention deficit disorder，ADD），包括保持注意力的能力受损，难以专注于特定的任务。大约三分之一的脆性 X 染色体综合征患者具有影响沟通和社交的自闭症谱系障碍的特征。15% 左右的男性和 5% 左右的女性脆性 X 染色体综合征患者会出现癫痫发作（National Institute of Neurological Disorders and Stroke，2015）。

脑性瘫痪：脑性瘫痪一词指的是一系列神经系统疾病中的任何一种，它们发病于婴儿期或儿童期早期，会永久性影响肢体运动和肌肉协调，但不会随着时间的推移而恶化。尽管脑瘫会影响肌肉运动，但它并不是由肌肉或神经问题引起的，而是因为大脑中控制肌肉运动的组织出现了异常。大多数脑瘫患儿在出生时就罹患此病，尽管可能要到几个月或几年以后才被发现。脑瘫的早期症状通常出现在儿童满 3 岁之前。最常见的症状是在进行自主运动时缺乏肌肉协调（共济失调），肌肉僵硬或紧绷和夸张的条件反射（痉挛状态），拖着一只脚或一条腿走路，踮脚走路，蜷缩似的步态，或"剪刀状"步态，肌肉张力过于僵硬，或者过于松弛（National Institute of Neurological Disorders and Stroke，2015）。

癫痫症：人们在交流时大脑神经元会发出电信号，一旦放电出现异常抽搐就会发生，多次的抽搐发作（抽搐反复出现）就被视为癫痫症。抽搐发作如果只发生一次，或者可以被纠正，就不被认为是癫痫症。癫痫症可以在任何年龄发病，但在老年人身上最为常见。许多患有癫痫症的儿童长大之后就不再患有此病。然而，即使是很轻微的癫痫症，如果发作过不止一次，也应该进行治疗，因为如果癫痫症正好在比如开车、步行或游泳时发作，都有可能会造成伤害。

部分性癫痫发作只涉及大脑的一部分，例如：

1. **单纯部分性癫痫发作**：症状可能包括肌肉或四肢的不自主抽搐、视力变化、眩晕、味觉和嗅觉改变，但患者不会丧失意识。
2. **复杂部分性癫痫发作**：症状可能与单纯部分性发作相似，但患者会有一段时间的意识丧失，可能会做出重复的动作（比如绕圈子走路、不停搓手）或两眼发直。

全面性癫痫发作涉及更大面积的脑组织或整个大脑，例如：

1. **失神发作（小发作）**：症状可能包括眼睛发直和短暂的意识丧失。
2. **肌阵挛性发作**：症状可能包括身体两侧肢体的震颤或抽搐。
3. **强直阵挛性发作（大发作）**：症状可能包括意识丧失、身体颤抖或抽搐以及尿失禁。患者在癫痫发作前可能有先兆或异样的感觉，这些发作可能持续 5~20 分钟（National Institute of Neurological Disorders and Stroke，2015）。

职业分类

- **感觉处理/统合障碍**是指未能将感知觉信号组织为恰当反应的一种病症。富有创新精神的职业治疗师和神经科学家 A. Jean Ayres 博士将感觉处理障碍（sensory processing disorder，SPD）比作神经系统的"交通阻塞"，它阻碍了大脑中的某些部分去接收用以正确解读感知觉信息所需要的信息。有感觉处理障碍的人发觉他们很难处理自己通过感官接收到的信息并采取恰当行动，这给他们执行繁多的日常任务带来了挑战。如果感觉处理障碍得不到有效治疗，就会导致动作迟缓、行为问题、焦虑、抑郁、学业失败以及其他后果。

感觉处理障碍可能只在单一感官上影响患者，例如，仅仅是触觉，或者视觉，或者运动，但也可能同时对多个感官产生影响。一个存在感觉处理障碍的人可能会对感官事物反应过度，觉得衣服、身体接触、光线、声音、食物或其他感官输入都令他无法忍受。另一种情况则是反应不足，对感官刺激有很小反应或者压根就没有反应，甚至对疼痛或极度的冷热也毫无感觉。如果儿童的肌肉和关节的感觉信息处理能力受损，他们的动作姿势和运动技能就会受到影响。这些儿童小时候是"软塌塌的婴儿宝宝"，让初为父母的人们忧心忡忡，长大时在操场上被称为"笨蛋"和"怪人"。还有一些儿童表现出对感知觉的渴望，但是这种感知觉却永远可望而不可即（Sensory Processing Disorder Foundation，2015）。

心理学分类

- **智力发育障碍**是一种失调，包括就诊时发现的智力缺陷和在发育早期阶段就已出现的适应性功能缺损。它必须符合下列三个条件。
  1. 智力发育障碍的特征是一个人的心智综合能力存在缺陷，比如在论证推理、解决问题、制订计划、抽象思维、辨别判断、学校学习和从经验中学习等方面缺乏能力。
  2. 具有各种社会文化背景的患者在各自的年龄段出现了适应性功能损伤，这种损伤影响到患者的个人生活能力和承担社会责任的能力，致使其在日常生活的某一方面或多个方面的活动中，比如人际沟通、社会交往、学校生活、参加工作、在家自理能力、社区参与能力等方面，其能力达不到正常标准。适应性功能受损会导致患者在学校、工作和生活自理方面需要持续不断的支持。
  3. 所有症状一定会在发育期露出端倪（American Psychiatric Association，2014）。

- **社交语用交流障碍**（social pragmatic communication disorder，SCD）是

一种长期存在的言语和非言语交流障碍，并不能解释为认知能力低下。症状包括在口语和书面语的习得和使用上的困难，以及在交谈中的反应不恰当。这种障碍限制了有效沟通、社交关系、学术成就和职业表现。症状一定会在儿童早期出现，即使直到后来言语、语言或沟通能力达不到要求时才被发现（American Psychiatric Association，2014）。

- **抽动秽语综合征**（Tourette's syndrome，TS）是一种神经系统疾病，重复、刻板、无意识的运动和发声痉挛都是抽动秽语综合征的特征。许多抽动秽语综合征患者伴有其他神经行为问题，这些问题往往比抽动秽语综合征本身带来的危害更大。包括注意力不集中、活动过度和行为冲动（注意缺陷/多动障碍）；阅读、写作和运算困难；以及强迫症，如侵入性思维/焦虑和重复行为，例如，对污垢和细菌的忧虑导致患者反复洗手，担心坏事情的发生致使患者坚持仪式化行为（如一遍遍地数数、重复、整理和排序）。抽动秽语综合征患者也会出现抑郁症状、焦虑障碍，以及其他与抽动秽语综合征可能直接相关或间接相关的生活自理困难问题（National Institute of Neurological Disorders and Stroke，2015）。

- **注意缺陷/多动障碍**（attention deficit hyperactivity disorder，ADHD）——尽管许多研究表明基因在很大程度上是始作俑者，但科学家尚未确定注意缺陷/多动障碍的病因。像许多其他疾病一样，注意缺陷/多动障碍可能是综合因素导致的结果。除了从遗传学角度考察，研究人员也在考量环境因素的相关性，并探究大脑损伤、营养摄入和社会环境导致注意缺陷/多动障碍的可能性。注意缺陷/多动障碍是最常见的儿童疾病之一，并会贯穿整个青春期和成年期。症状包括不能集中精神和保持专注，难以控制行为，功能亢进（活动过度）。注意力分散、极度活跃和容易冲动是注意缺陷/多动障碍的主要行为表现（National Institute of Mental Health，2015）。

许多发育性残疾无法治愈，但是有一些方法可以治疗与发育性残疾同时出现的症状。罗伯特自闭症游戏治疗的目的就是帮助治疗常见的发育性残疾症状。罗伯特自闭症游戏治疗针对情绪调节、社会功能、关系联结和行为问题（所有在发育性疾病中普遍存在的问题），以帮助发育性疾病患者在这些领域获得技能（见表1.1）。罗伯特自闭症游戏治疗也可用于评估和解决独立生活技能的问题。

表1.1 运用罗伯特自闭症游戏治疗方法治疗发育障碍

发育障碍	通过罗伯特自闭症游戏治疗解决的主要症状
自闭症谱系障碍，社交语用交流障碍，抽动秽语综合征，注意缺陷/多动障碍，脑瘫，唐氏综合征，脆性X染色体综合征，癫痫症，感觉处理障碍和智力发育障碍	情绪调节，社会功能，注意力不集中，多动，强迫和侵入性思维，重复行为，失调，焦虑和担忧，自卑，关系联结和技能发展

为了提高社交技能，增强调节自我情绪的能力，并减少焦虑和失调问题，许多患有发育障碍的儿童和青少年选择采用罗伯特自闭症游戏治疗。与各类发育障碍儿童一起工作的治疗师，应该学习、了解每一种疾病的具体特性，并认识到这些儿童当中有许多人会参与其他干预治疗，包括行为干预和医学治疗。我们应该大力提倡在与患有发育障碍的儿童一起工作的所有专业人员之间建立一种协同作战的合作方式。

第二章 罗伯特自闭症游戏治疗基础

罗伯特自闭症游戏治疗概览

罗伯特自闭症游戏治疗是基于游戏治疗和行为治疗的一种治疗方法，用于治疗儿童和青少年的自闭症谱系障碍、其他神经发育障碍以及发育性残疾。罗伯特自闭症游戏治疗是一种心理健康治疗方法，建立在成熟的心理学和咨询理论的基础上，并综合多种循证行为治疗方法来治疗儿童和青少年的自闭症谱系障碍和其他发育障碍。罗伯特自闭症游戏治疗是行为治疗与技能发展方法相结合的治疗方法，由治疗师和家长同时主导来制订治疗方案。罗伯特自闭症游戏治疗针对自闭症谱系障碍患儿面临的众多问题而采用了广泛综合的治疗方法，与若干确认有效的治疗方法类似，比如自闭症儿童早期干预丹佛模式、搭积木、SERTS综合教育干预模式和结构化教学法，这些方法在附录中均有描述。

罗伯特自闭症游戏治疗受到游戏治疗和行为治疗理论的巨大影响。虽然罗伯特自闭症游戏治疗是一种独一无二、综合性的治疗模式，但在它的整个治疗过程中可以看到各种游戏治疗和行为治疗方法的影子。本书简要介绍了对罗伯特自闭症游戏治疗产生重要影响的多种疗法。我们鼓励治疗师进一步学习本书中提到的各种方法，以提升自己的知识水平，增加他们对各种治疗手段和方法的认识，制订出儿童和青少年自闭症谱系障碍的最佳治疗方案。

游戏治疗

游戏治疗协会（Association for Play Therapy，2015）将游戏治疗定义为"将理论模式系统地进行运用以建立一个人际交往的过程，在这个过程中，受过训练的治疗师运用游戏的治疗性力量去协助来访者预防或解决心理社会困境，从而使其获得最优化的成长和发展"。

O'Conner（2000）提出儿童生活中的游戏行为具有生物特性、自我认识、人际交往和社会文化的功能，并进一步扩展了游戏治疗的定义：游戏治疗由一系列治疗模式组成，涉及系统性地运用理论模型来建立一种人际关系过程。在游戏治疗中，受过训练的游戏治疗师利用游戏的治疗性力量，帮助来访者预防或解决心理社会困境，实现最优化的成长和发展，并重建儿童参与传统游戏行为的能力。

Schaefer（2003）提出了几种游戏的治疗性功能。他指出，游戏在增强人际关系、促进表达交流、提高自理能力、创造性地解决问题、引导心理宣泄、进行角色扮演、通过隐喻来学习、激发正面情绪和参与社交活动等方面均有帮助。通过游戏治疗，儿童可以学习社交技能，发展人际关系，学习如何通过口语和非口语方式进行交流和表达自己，并培养解决问题的能力。

因为目前有多种游戏治疗的理论和方法，所以我们不妨将游戏治疗视为一个涵盖性术语。治疗师对来访者进行治疗所采用的游戏治疗方法包括非指导性和指导性游戏。游戏治疗的一些理论极度依赖于使用玩具和道具，而另一些理论则倡导尽量少地使用玩具。但是大多数游戏治疗方法都或多或少地主张运用玩具、道具、艺术、音乐、运动或游戏，作为帮助来访者实现其治疗目标的途径。

对于患有自闭症谱系障碍的儿童和青少年，游戏治疗方法具有诸多好处，尤其是在治疗他们普遍感到挣扎的社交和情感问题的时候。游戏治疗针对每个儿童的特点和发展需求而进行个性化设计。近来，关于儿童游戏治疗的文献在数量上有所增加，均强调游戏可以成为治疗儿童社交和情感障碍的理想方式（Bratton, Ray, Rhine & Jones, 2005; Josefi & Ryan, 2004）。研究表明，被诊断为自闭症的儿童参与游戏治疗以后，在假装游戏、依恋、社交互动、自我调节、应对变化、情绪反应和自理方面都有所改善（Josefi & Ryan, 2004）。

儿童在参与游戏中受益的方面包括认知发展（学习、思考和制订计划等）、社交技能（练习人际互动、角色扮演和日常活动）、语言能力（与他人交谈，对话等）、解决问题（协商谈判、寻求帮助、解决困难等）和情感发展（情绪管理、理解他人、共情等）。掌握了游戏技能的儿童更容易被同龄人接受，而游戏是一种重要的学习工具。通过游戏，儿童可以发展社交技能、培养适应能力、学习核心技能和获得语言能力。游戏也为儿童提供了机会，让他们在一个安全的地方练习社交活动、适应各种场景和练习日常活动，而不必承受"必须做对"的压力（Phillips & Beavan，2010）。

Sherratt 和 Peter（2002）认为，对于患有自闭症谱系障碍的儿童，游戏干预和操作经验极其重要。他们指出，在教会患有自闭症的儿童玩耍的同时，一旦激活他们负责情绪和思维的大脑区域，游戏治疗就会获得成功。Thornton 和 Cox（2005）进而对自闭症儿童实施了个性化游戏治疗，针对性地解决他们的问题行为。他们综合采用了关系发展、提高注意力、等候轮换、享受乐趣的结构技术。他们的研究发现，在实施结构化游戏干预之后，游戏干预确实会影响儿童的行为，减少不当行为。

游戏治疗是一种适合于与自闭症患儿工作的基于游戏的干预措施，特别适合于缺乏社交技能和沟通交流困难的儿童（Parker 和 & O'Brien，2011）。越来越多的有效研究已经证明，基于游戏的干预措施的确是治疗儿童和青少年自闭症和其他神经发育障碍的有效方法。以游戏为基础的干预措施为治疗师提供了设计个性化治疗方案的机会，让孩子以玩乐和自然的方式参与治疗，这是其他自闭症疗法所不能做到的。

游戏治疗方法已经成功地应用于儿童、青少年、成年人、家庭、夫妇和群体患者的治疗。游戏治疗使患者能够在不必使用语言交流的情况下传达内心的想法和情绪，并让人们认识、了解一些其他方法不能解决的问题。在游戏治疗过程中，来访者在无须做出判断的情况下，培养出创造和探索的能力，从中获得一种安全感，并实现了人类几乎与生俱来的愿望——游戏的愿望。

可以这么说，许多游戏治疗的理论和方法对罗伯特自闭症游戏治疗的创建都产生了一定的影响，其中影响最大的游戏治疗方法是治疗性游戏、亲子游戏治疗、家庭游戏治疗和认知行为游戏治疗。尽管游戏治疗（作为一个整体）是罗伯特自闭症游戏治疗的基础，但是上述这几种方法具有独特的组成元素和设计理念，更加直接地影响了罗伯特自闭症游戏治疗的机制。下面就对这四种深刻影响了罗伯特自闭症游戏治疗的游戏治疗方法进行深入探讨。

如治疗性游戏、亲子游戏治疗和家庭游戏治疗等的游戏治疗方法均提供了一种综合的治疗方法，采用以家庭为单位的游戏治疗方案，同时与孩子和父母一起工作，旨在建立健康的关系联结、解决问题、修正行为，以及取得某种程度的技能发展。这些游戏治疗方法的核心是帮助儿童提高发展健康和持久关系的能力，而关系发展的主要焦点就是孩子与父母之间的关系。通过这个过程，还可以解决其他问题，比如减少不当行为和促进技能发展。认知行为游戏治疗将认知治疗的方法与基于游戏的活动相结合，帮助儿童理解和调节情绪、改变行为并获得新的技能。它是一种指导性的方法，通过游戏来提供教育、角色扮演和练习，有助于儿童因为游戏可以带来更为有趣和放松的过程而坚持参与治疗。

治疗性游戏

治疗性游戏（Theraplay）是一种好玩有趣、引人入胜的短期治疗方法，具有私密、自然、个人、专注和有趣的特点。它采取自然、健康的亲子关系的模式，让家长积极地参与治疗。治疗性游戏关注的焦点是儿童与照顾他/她的人之间潜在的不协调关系。治疗的目标是增强依恋、自尊、信任和快乐参与，并使父母能够继续与孩子保持健康的互动（Jernberg & Booth，2001）。

Booth 和 Jernberg（2010）报告说，治疗计划中有四个维度可以用于满足儿童和家长的治疗需求。治疗性游戏的这四个维度是结构、参与、滋养和挑战。以下是每个维度的简要说明。

结构：父母是值得信赖的，保证安全和规范。
参与：父母提供快乐的体验，以此建立牢固的联结关系。
滋养：父母以同理心回应并为孩子提供受保护的空间。
挑战：父母鼓励孩子去努力、冒险和探索。

接受过治疗性游戏培训的治疗师在家庭游戏治疗环境中与孩子和父母一起工作，以帮助他们在所有四个维度上得到改善和取得成功。治疗师通常会与孩子和父母一起见面，示范和实施游戏干预措施，以达成治疗目标。治疗的总体目标是在孩子与他/她的父母之间建立相互信任的情感关系。

罗伯特自闭症游戏治疗受到治疗性游戏影响的方面在于，关系发展（联结）是由父母和孩子共同实现的，通过自然、有趣、基于游戏的技术去建立相处关系和联结。值得注意的是，治疗性游戏是一种成熟的治疗方法，在治疗自闭症患儿方面取得了很大的成功。Jernberg 和 Booth（2001）提出，治疗性游戏特别有助于治疗患有自闭症谱系障碍的儿童，因为它不依赖于他们能够对语言做出反应。此外，治疗性游戏重点关注以认知和具象思维为前提的共同注意和相互参与，使其成为在关系建立和沟通方面存在困难的儿童的理想治疗方法。

Bundy-Myrow（2012）对使用治疗性游戏来治疗儿童自闭症谱系障碍的优点进行了如下总结。

> 治疗性游戏在治疗儿童自闭症谱系障碍上与其他游戏治疗方法的区别有两个：在治疗性游戏中，治疗师在游戏室的主要目标是使用基于感觉运动的游戏来吸引儿童参与，以此来治疗自闭症。另外，治疗性游戏的治疗师赋能家长成为干预治疗的合作伙伴，示范和指导家长为孩子提供独一无二的关系联结，建立孩子发展所需要的良好关系。

Booth 和 Jernberg（2010）指出，治疗性游戏非常适合自闭症儿童，因为这种治疗使儿童参与有趣、积极的社交互动，注重从根本上培养他们与他人交往和进入关系的能力。Simeone-Russell（2011）进一步指出，他们发现，使用治疗性游戏的小组游戏在治疗儿童自闭症谱系障碍时，在发展参与、互动、沟通、语言和社交技能方面非常有效。在与自闭症患儿工作的过程中，游戏治疗的目标通常包括增加眼神交流，提高注意力和换位思考，适应转换和变化，帮助父母找到安慰孩子、让孩子平静下来的方法，以及促进沟通。

罗伯特自闭症游戏治疗和治疗性游戏有一些相似的特点。两者都将家长纳入治疗过程，并强调家长和治疗师的角色是合作伙伴，或者改变孩子的共同驱动因素。两者都通过基于游戏的指导性干预，向家长传授如何互动和促进技能发展的治疗方案。两者都致力于关系发展或关系联结以及技能发展，同时使用游戏治疗作为主要催化剂以达到治疗目标。

亲子游戏治疗

亲子游戏治疗（filial therapy）是一套在理论上结合心理教育的治疗模型。该治疗方法认为，父母是让他们的孩子发生改变的主要因素。从本质上讲，它是一种家庭治疗，使用游戏治疗的方法来增强父母与孩子的关系，解决各种儿童和家庭问题（VanFleet，2012）。在亲子游戏治疗中，治疗师辅导家长如何在家中进行以孩子为中心的游戏治疗。父母在家庭环境中学习治疗原理并带领孩子共度游戏时光。

Guerney（2003）指出，亲子游戏治疗的基本模式和目标包括减少儿童的问题行为，增强父母-孩子的亲子关系，优化儿童的适应能力，提高儿童的自理能力和自信心，以及改进父母的育儿技巧。这些目标是通过让父母参与治疗过程，并使他们成为与孩子一起工作的变革因素来实现的。亲子游戏治疗的总体目标是专注于改善父母-孩子的关系，同时使其他方面随之得到改善。

VanFleet（2014）进一步提出，亲子游戏治疗包含八个基本特性。这些特性在其他干预治疗中可以单独呈现或者同时呈现几个特性，但是同时满足所有以下八个特性的方法方可称为亲子游戏治疗。

1. 强调游戏在儿童发展中的重要性，游戏被视为能够帮助提高儿童理解能力的主要途径。
2. 父母是改变孩子的主要驱动因素。
3. 治疗针对的是关系，而不是个体。
4. 同理心对儿童成长和进步至关重要。
5. 尽可能让整个家庭参与治疗。
6. 对家长进行心理教育培训。
7. 在游戏治疗中，父母从一开始就对孩子进行实时监护，随时随地提供支持，让孩子持续不断地学习。

8. 需要家庭团结协作去完成整个治疗过程。

VanFleet（1994）指出，亲子游戏治疗的总体目标是从源头上消除存在的问题，发展父母与孩子之间的积极互动，增加家庭成员的沟通，提高儿童应对和解决问题的能力，使他们将来能够更好地自立和成功地处理问题。VanFleet（2014）进一步指出，亲子游戏治疗对自闭症谱系障碍患儿的家庭来说有几个潜在的益处。亲子游戏治疗过程为自闭症儿童带来安全感，让他们在毫无压力的情况下做出选择，并且可以通过游戏进行交流而无须使用言语交流。亲子游戏治疗最大的价值或许还在于激励父母参与，为他们提供有助于更好地了解孩子和与孩子沟通的工具。

亲子游戏治疗对罗伯特自闭症游戏治疗的影响在于，方法上更明确地吸收了家长培训的环节，教授父母在家里与孩子一起实施罗伯特自闭症游戏治疗技术。在这两种方法中，父母都经过培训成为改变孩子的共同驱动因素。关系联结和父母赋能是亲子游戏治疗和罗伯特自闭症游戏治疗共同的主要特征。罗伯特自闭症游戏治疗的"跟随我"方法特别明显地应用了亲子游戏治疗的几个基本技术，包括亲子游戏技巧，如追踪、反馈、孩子带领、教授父母在家与孩子一起共度"跟随我"的游戏时间，以及关注关系的发展和联结。

家庭游戏治疗

家庭游戏治疗（family play therapy）要求父母和孩子一起参加治疗。游戏治疗技术是家庭治疗过程中的组成部分，用于帮助所有家庭成员参与其中并达到治疗目标。Gil（1994）指出，治疗师可以教会父母观察、解读和参与孩子的游戏，以此帮助他们更好地理解孩子的体验，并且增加他们获得与孩子进行更深层次的情感接触的机会。

Gil（2003）指出，在家庭游戏治疗中，家庭成员应被视为一个完整体系，以实现系统性改变。在方法上家庭游戏治疗运用了游戏治疗和言语治疗手段。治疗师布置多样化的游戏治疗任务，并邀请所有家庭成员参与完成任务。游戏治疗的任务是经过精心设计的，以便于评估和发现隐藏的问题，并促进家庭系统内部发生积极的变化。来访者不是特指哪一位成员，而是整个家庭。家庭游戏治疗师的"工具箱"里有若干指导性游戏的干预措施，可提供给一个家庭一起共同实施，解决该家庭内部存在的具体问题，目的是为了追求和达到既定的治疗目标。

家庭游戏治疗对罗伯特自闭症游戏治疗的影响主要在于这个理念，即父母通过游戏的方式与孩子进行互动，这对于他们的孩子和整个家庭系统来说会产生极大的影响并具有深远的意义。罗伯特自闭症游戏治疗基本上就是一种家庭游戏治疗的方法。当家里有一个患有自闭症谱系障碍或者任何其他发育障碍的孩子时，家庭关系显得尤其重要，这是无可辩驳的事实。整个家庭单位通常都会因为家中有一个需要特殊照顾的儿童，因为需要处理各种各样的问题和事情而深受影响，所以需要采取有家庭参与的治疗方法也就顺理成章。正是因为认识到了自闭症对整个家庭系统的影响，大多数成熟的自闭症治疗方法，都坚持奉行治疗应该以整个家庭为单位来进行的观点，并且要让父母和/或其他家庭成员积极地参与治疗过程。

关系发展方法（尤其是那些以游戏治疗为基础的方法）在关系联结领域，深刻影响和贯穿了罗伯特自闭症游戏治疗的整个干预过程。罗伯特自闭症游戏治疗强调父母参与的重要性以及父母在治疗过程中扮演的重要角色。所以说，罗伯特自闭症游戏治疗是一种家庭游戏治疗，父母和/或其他家庭成员需要积极加入治疗过程，参与和学习指导性游戏治疗干预，以改善关系联结和技能发展。

认知行为游戏治疗

Susan M. Knell（2004）提出了这一概念——认知行为游戏治疗（cognitive behavioral play therapy，CBPT）可以作为一种治疗方法，它在游戏治疗领域中将认知和行为干预结合在一起，运用游戏活动以及言语和非言语形式的交流来培养解决问题的能力。Knell归纳了认知行为游戏治疗的六个特性。

1. 认知行为游戏治疗通过游戏让儿童接受治疗。
2. 认知行为游戏治疗主要针对儿童的思想、情感、想象力和环境适应能力方面的问题。
3. 认知行为游戏治疗提供了一种或多种治疗策略来培养适应性更强的思维和行为能力。
4. 认知行为游戏治疗是结构化的、指导性的和以目标为导向的，而不是漫无目的、随意进行的。
5. 认知行为游戏治疗综合了实践证明有效的技术。
6. 认知行为游戏治疗允许对治疗进行实证检验。

在认知行为游戏治疗中，治疗师可以提供与发育情况相适应的干预措施，帮助儿童掌握认知行为治疗的方法，并可以运用多种认知和行为干预措施与游戏治疗相结合来解决各种问题（Drewes，2009）。认知行为游戏治疗干预为儿童提供了一个机会，让他们了解自己的思想如何影响其个人行为，并了解怎样去改变思想和行为。认知行为游戏治疗的重点是行为而不是交流，让儿童能够练习他们学到的所有新技能，并将新技能运用到游戏治疗以外的生活中。

Drewes（2009）指出，认知行为游戏治疗提供了一个极好的机会，通过介入游戏活动作为儿童参与和接受治疗的手段，以帮助儿童减少焦虑（这是每个自闭症患儿都深受困扰的情绪），这有助于儿童管理和减少焦虑感，并且在一个更加积极和有趣的氛围中接受治疗。而且，认知行为游戏治疗可以帮助有情绪失调问题的儿童。这些儿童（正如许多罹患自闭症的儿童一样）可能会出现突发的行为失控、高度焦虑以及注意力难以集中的情况。通过与游戏活动紧密结合的各种认知治疗干预，存在这些问题的儿童可以更好地掌控他们的情绪，从而减少由于失调所造成的问题。

使用游戏来教授各种技能或替代行为是认知行为游戏治疗的一个常见方法，在认知行为游戏治疗的模式下完成对儿童的教育，例如，用木偶的行为方式来教授儿童表达情绪或获得新的技能。通过认知行为游戏治疗，儿童可以表达他们的感受和解决问题，并学习更多恰当处理情绪的方式。开始时，治疗师可能需要让儿童用非言语方式模仿表情，再用语言说出情绪名称。随后，如果儿童开始与治疗师进行交谈，就可以更直接地用口语说出情绪名称和解决问题（Knell，2004）。

认知行为游戏治疗对罗伯特自闭症游戏治疗产生了若干影响。首先，制订详细的日程表，确定每次课程所要教授的具体技术，这一步骤是罗伯特自闭症游戏治疗的重要组成部分。其次，帮助来访者理解他们的思想和行为之间的联系，并在行为上做出改变，这是罗伯特自闭症游戏治疗的重要目标。再次，完成家庭作业并重复练习以获得技能，这是罗伯特自闭症游戏治疗的一个亮点部分。最后，建议将基于游戏的认知和行为治疗的各种干预措施教给儿童，以帮助他们掌握技能，并通过基于游戏的方法矫正他们的行为，这是罗伯特自闭症游戏治疗中与大家分享的观点。

行为治疗

行为治疗（behavioral therapy）的关注点在于，帮助个体理解改变自身的行为会使他们的感受也发生变化。行为治疗的目的通常是提高患者对积极的社交强化训练的参与度。行为治疗是一种结构化的方法，可以详细量化患者的行为，寻找增加积极体验的机会。一些常见的技术包括自我管理技术、编制每日或每周活动计划表、角色扮演和行为矫正方法（Psych Central，2014）。

行为和认知治疗协会（Association for Behavioral and Cognitive Therapies，2014）对于行为治疗做出了以下论述。

> 行为治疗的方法虽然各有差异，但是，它们大多都有一个共同观点，就是一个人的某些想法或行为在其环境中无意间以某种方式获得"奖励"，从而增加了这些想法和行为重复出现的频率。行为治疗可以应用于治疗成人、青少年和儿童的各种心理症状。虽然行为治疗对不同障碍采用的方法各有区别，但是都有一个共同路径，即行为治疗的治疗师鼓励来访者尝试

去改变行为，而不允许负向"奖励"来引导他们的行为方式。

举个例子。

把自己想象成一个害怕使用马桶的儿童。为了避免恐惧和焦虑，最终你可能会回避进入所有洗手间，并开始在你的衣服上发现无端的毛病，感觉穿着自己的衣服去洗手间的行为可能会导致身体问题、社会问题，甚至影响自我价值感。然而，哪怕没有这些后果，你还是感到难以承受由马桶带来的恐惧感。行为治疗师认为，回避使用马桶的行为因为可以使焦虑与害怕的感受消失而受到"奖励"。行为治疗的方法会采取带领和指导你如何使用马桶，直到与避免使用马桶相关的"奖励""消退"，于是你与使用马桶相关的负面感受也就"消退了"。

理解行为治疗时，我们要注意两个重要变量，即刺激（前期环境事件和行为的后果）和反应（行为）。刺激是环境中可以观察到的东西。刺激可以是单一的，例如物体的颜色；刺激也可以较为复杂，例如最好的朋友在做什么和说什么。行为是一种可以被观察到的动作，儿童的思考是悄无声息的，但其行为是看得见的（Williams & Williams，2011）。在行为治疗中，当儿童做出任何行为时，涉及三个重要问题："是什么原因直接引发这一行为？""此刻这是一种什么行为？""这种行为会直接导致什么后果？"这些就是应用行为分析，包括前因、行为和后果（Coplan，2010）。

以儿童为中心的行为治疗为儿童改变自己的行为提供了一个潜在的大型舞台。自行为治疗开创以来，直接用于少年儿童的各种行为干预方法已经得到极大的扩展。针对少年儿童的治疗，通常是在游戏治疗的环境下单纯地应用行为治疗程序，即在游戏的背景下使用行为治疗技术。大多数针对儿童的行为干预都主要采用两种治疗方案，或者两种方案结合使用，即通过父母对孩子进行治疗，以及治疗师直接与孩子一起工作（Knell，2004）。针对儿童和青少年的行为干预，可能是采用某个场景中的角色扮演以减少焦虑感，或者教授关于这个场景的恰当反应，指导和强化练习，或给予奖励以增加恰当的行为，或创建可视化日程表以帮助调节和减轻焦虑。

可以这样说，对于患有自闭症谱系障碍或其他发育障碍的儿童和青少年，最常见的循证治疗方法是基于行为的治疗。行为治疗、行为矫正方法、应用行为分析、认知行为治疗以及大量其他基于行为治疗的方法和手段，已被证明可以成功地改善自闭症儿童易受困扰的各种问题。大多数早期干预计划和特殊教育课堂，都是以某种行为方法或理论作为基础。基于行为治疗及其扩展的方法已被成功地运用于治疗成千上万名患有自闭症谱系障碍的儿童（Coplan，2010）。

行为治疗对罗伯特自闭症游戏治疗的影响在许多方面都显而易见。罗伯特自闭症游戏治疗关注儿童的行为，通过运用治疗师和家长引导的指导性干预措施，去实现改变儿童的行为的目标。这些干预措施以游戏为基础，最终的目标是帮助患有自闭症的儿童和青少年提高技巧能力。罗伯特自闭症游戏治疗还致力于了解儿童所处环境中可能引发不良行为的因素。此外，一些旨在提高技能发展的基于游戏的干预措施，采用了行为治疗的模块，例如暴露疗法、角色扮演、示范模仿疗法和行为塑造法。罗伯特自闭症游戏治疗受到认知行为疗法和人际关系疗法的双重影响，而不是仅仅从一个方面着手。借此，罗伯特自闭症游戏治疗可以作为一种综合而全面的疗法发挥作用，满足自闭症儿童所表达的整体诉求。

第三章 罗伯特自闭症游戏治疗方法

罗伯特自闭症游戏治疗概览

罗伯特自闭症游戏治疗是一种游戏治疗和行为治疗干预方法，适用于患有自闭症谱系障碍、发育性疾病或其他神经发育障碍的儿童和青少年。游戏治疗方法和行为治疗方法相结合构成了罗伯特自闭症游戏治疗的基础。作为一种综合模式，罗伯特自闭症游戏治疗旨在帮助儿童和青少年获得所需要的技能和能力，并教授家长如何去帮助他们的孩子获得技能和能力。

罗伯特自闭症游戏治疗是发展方法学和行为方法学的组合治疗方法。罗伯特自闭症游戏治疗针对儿童和青少年的发展问题进行评估，并对其发展水平、缺陷和进步提供持续的追踪。与此同时，罗伯特自闭症游戏治疗关心和解决儿童与青少年面临的行为问题，并制订指导性游戏干预措施，这些干预措施同时由治疗师和家长引导实施，协助改善患者的行为。

罗伯特自闭症游戏治疗将指导性游戏技术与行为治疗和游戏治疗方法融合在一起，在三个首要目标领域教授儿童学习发展技能：情绪调节、社交技能和关系联结。罗伯特自闭症游戏治疗方案还涉及三个次要目标领域：感觉处理，焦虑减轻和行为改变。当儿童学会自我调节，掌握了足以应付周遭环境的社交技能，并学会恰当而有意义的联结关系时，他们的行为问题会慢慢减少，从而更可能在他们的日常环境中有成功的表现。

患有自闭症谱系障碍或其他发育障碍的儿童和青少年，经常在情绪调节、社交技能和关系联结方面存在困难。这几个领域的能力缺陷与取得进步往往存在共进退的关系。（如果一名儿童在一个领域存在缺陷，他/她可能在其他领域也会存在缺陷；如果一名儿童在一个领域取得进步，他/她可能在其他领域也会有所改善。）例如，儿童的情绪调节能力提高，会对他/她的社交技能产生积极影响。儿童的社交技能提高，又会对他/她与他人的联结能力起到积极作用。

罗伯特自闭症游戏治疗包含一项家长培训计划，让父母接受培训，学习在家中与孩子一起运用各种游戏治疗技术。父母被赋能成为改变孩子的共同推动因素，帮助他们的孩子发展和提高技能水平。罗伯特自闭症游戏治疗的家长培训计划教授家长如何在家中使用罗伯特自闭症游戏治疗的技术。家长学习干预程序和技巧，并观看如何在家中实施技术的示范，以提高孩子的特定技能和能力水平。

可以说，罗伯特自闭症游戏治疗是一种家庭游戏治疗方法，需要孩子和父母共同参与治疗过程来发挥作用。采用孩子的自然语言——游戏作为治疗的基础，使得父母能够在一种充满趣味的联结方式中与孩子相处、教授技能和提升能力。此外，在可能及适合的情况下，罗伯特自闭症游戏治疗应该让整个家庭，包括兄弟姐妹和更多家庭成员都参与治疗过程。

罗伯特自闭症游戏治疗在很大程度上依靠基于游戏的干预措施和技术来帮助患者实现技能的发展。鉴于游戏是罗伯特自闭症游戏治疗的重心，我们有必要考察自闭症谱系障碍儿童的游戏世界通常是什么样子的，与典型发育儿童有什么相似和不同之处。在启动罗伯特自闭症游戏治疗过程之前，治疗师可以预期来访者的游戏表现究竟如何呢？表3.1提供了从出生到10岁的典型发育与非典型发育儿童的游戏能力比较。

一般来说，患有自闭症的儿童在游戏中时常表现出缺乏自发性、灵活性、想象力和社交质量。他们很少会自发地玩玩具、参与假装和富于想象力的游戏、理解游戏中的隐喻，以及成功地参与小组游戏。自闭症患儿更有可能以孤立的方式操纵玩具，而不是按照玩具的功能或象征意义来玩耍。Cross（2010）列出了自闭症儿童和青少年在游戏方面常见的五个困难，这些困难限制了他们的游戏潜力和发展技能的习得。

1. 重复性游戏。
2. 在游戏室周围不停地徘徊。
3. 对游戏本身，或者在游戏期间持续地感到焦虑。
4. 在游戏的过程中频繁离开或表现得不友好。
5. 游戏期间不断遭到玩伴拒绝。

当患有自闭症谱系障碍的儿童进入游戏室或任何游戏环境时，他/她可能不会以传统或社会认为的"正确"方式参与游戏。自闭症儿童一开始可能会非常犹豫不决，需要很长时间去适应或熟悉他/她周围的事物，然后最终以某种方式参与其中；一些儿童可能会自我封闭地按照玩具的功能来玩玩具，全然不理会身边的其他人和事；还有一些儿童可能会发现一个传统观念上不被认为是玩具的物品，一味地对其进行摆布和"玩耍"，而对周围广受喜爱的玩具视而不见。

表 3.1　典型发育与非典型发育儿童游戏表现的比较（出生至 10 岁）

年龄	典型发育的游戏技能发展	非典型发育的游戏技能发展
0—24 个月	婴儿通过口含物品、聆听声音、看移动影像等感官活动来探索世界。	婴儿不会探索，似乎注意不到、不听或不看东西，没有呀呀学语，不会微笑。
10 个月	开始社交互动，尤其是与父母的互动，例如玩躲猫猫游戏。	婴儿不会互动，没有目光接触，不参与任何基本的互动游戏。
1—2 岁	模仿成年人，也会模仿其他儿童，比如模仿妈妈在电话上交谈。出现功能性游戏，按玩具的功能玩玩具，如搭积木，在平面上滚动汽车，等等。	幼儿不说话，没有共同注意，也不按常规方式玩玩具，古怪，不玩耍，不和照料者玩游戏。
2—3 岁	出现平行游戏（与同伴共同玩耍），在游戏中有意愿和同伴靠近。 幼儿可以在沙箱中和熟悉的同伴共同玩耍。开始时与同伴很少有语言互动，逐渐发展到观看和模仿同伴，向同伴展示和给予评论，等等。 出现象征性游戏。用看起来像现实生活中的物体的玩具玩假装游戏，比如将玩具飞机飞向天空，假装用平底锅在玩具炉上做饭，假装吃游戏食物，让人或动物形象的玩具走路和说话。	不和同龄人一起玩，没有表现出与同龄人一起玩耍的兴趣，也可能不会注意到其他同伴。不做任何基于模仿的游戏。 不玩任何假装游戏。仍然不会恰当地玩玩具，不会和照料者玩基本游戏。
3 岁	游戏变得较为高级，可能会让更多的同龄人和其他人加入游戏。可能会拼接和建构游戏对象（拼接成列火车，建造房屋，搭建乐高积木，用橡皮泥制作东西，如花卉、房子、面孔，等等）。 儿童经常与其他同伴一起参与平行游戏、功能性和象征性游戏，但仍然可能难以进行分享式和合作式游戏。出现角色扮演和剧情游戏。假装扮演熟悉的角色（如教师、医生、公交车司机，等等）。	仍然不与同龄人一起玩耍或没有任何与同龄人一起玩耍的兴趣。如果在玩玩具，可能会一遍又一遍地玩相同的玩具或者不断地排列玩具。 不玩任何象征性游戏或角色扮演。需要日常活动程序不变和具备可预测性。

（续表）

年龄	典型发育的游戏技能发展	非典型发育的游戏技能发展
4岁	角色扮演和象征性游戏变得越来越高级，儿童开始学习在游戏中合作。此时可能会允许同伴参与假装游戏，但所扮演的角色仍然大多是他们所见过的对象，无论是亲眼见过，还是在电视或书本上见过。出现心理理论，能够考虑到别人有与自己不同的想法、感受和认知，理解事物会与他们所呈现的样子不一致。同时发展了更多抽象游戏，例如把铅笔假设成天空中飞行的飞机。随着更多地认识到他人的愿望和思维的差异，出现谈判技巧。	儿童仍然不玩象征性和假装游戏，仍然缺乏与同龄人玩耍的兴趣。不会以合作的方式与同龄人玩耍。儿童没有显示出心理理论。儿童可能会专注于特定的玩具/物品，并且对玩具/物品过分着迷和僵化。如果在玩游戏，可以翻来覆去地玩同一个玩具或者相同的情节。
5—6岁	儿童可与其他多名儿童一起参与复杂的游戏主题。可以玩所有类型的游戏，包括和同伴进行合作和谈判，以制订游戏计划并予以实施。	儿童的游戏发展情况与早期的发展水平相比并没有提高。儿童的游戏兴趣和活动范围很狭窄。儿童仍然对与同龄人玩耍不感兴趣。
7—10岁	儿童继续发展更富于想象力的游戏，涉及一些实际上并不存在的事物。	儿童在前面提到的所有非典型的游戏特征上，都表现出明显的问题。

当患有自闭症谱系障碍的儿童获得机会自由玩耍时，他们可能会不断进行重复性活动，一遍又一遍地玩同样的游戏。有些儿童可能会提议和参与看似假想游戏的精心设计的游戏场景，但是当我们仔细观察时就会发现，他们的游戏非常死板并且重复进行，儿童会一次又一次回到相同场景中玩很长时间（Kaduson，2008）。通常，自闭症儿童会进入游戏情境，并开始以非常符合象征性或假装游戏的方式进行游戏。儿童会摆弄玩具，赋予它们特性，并通过一个故事或场景来玩玩具。虽然看起来这很像象征性游戏，但是，儿童通常只是在简单地照搬他/她极有可能在电影或电视节目中观看过的剧情或场景。儿童往往会一遍又一遍地照搬剧情或场景，而不会对游戏做丝毫改变，这种情况不应该与真正的象征性或假装游戏混为一谈。典型的象征性或假装游戏，应该是儿童使用了多种玩具，在若干不同场景下进行的游戏，游戏场景可能会经常发生变化，并表达各种各样的意义。在真正的象征性或假装游戏中，儿童也会自

己创作,而不是简单地再现他们在电影中看过的场景。

患有自闭症谱系障碍的儿童,往往在参与同龄人的社交游戏时存在问题。通常,自闭症患儿在他们的游戏中会被孤立,最终从同伴的游戏群体中退出。有证据表明,患有自闭症的儿童,确实渴望获得同伴关系并参与同伴游戏,但是,他们缺乏社交和沟通技巧去启动和维持与同伴的游戏。还有证据显示,患有自闭症的儿童,的确会游戏并渴望游戏。他们可能会以非传统的方式玩游戏,并且可能会玩那些不被社会认可为玩具的东西,但他们真的会游戏。

迈克尔(一名确诊为自闭症的 8 岁儿童)是自闭症儿童游戏能力发展的一个恰当例子。他被诊断患有自闭症谱系障碍、智力发育障碍和几种综合征,从而接受罗伯特自闭症游戏治疗干预。迈克尔具备一些口语表达能力,但言语不多。当他说话时,大约 75% 的话语让人很难理解。治疗师开始使用罗伯特自闭症游戏治疗的"跟随我"方法与迈克尔工作(本章稍后将更充分地讨论此方法)。在前两次会谈时,迈克尔只是在游戏室的周围徘徊,没有玩游戏室中的任何玩具,也没有参与游戏活动,而且与治疗师的交流非常有限。在迈克尔参加治疗的游戏室里面还有一间储藏室,里边存放着各种办公用品。在第 3 次会谈时,迈克尔发现了储藏室。

储藏室里有一个真空吸尘器。迈克尔很快就注意到了吸尘器,并想给地板以及游戏室里其他任何可以吸尘的东西吸尘。真空吸尘器迅速成为接下来几次会谈中他的首选"玩具"。迈克尔经常会大笑起来,从吸尘中表现出纯粹的享受。治疗师从真空吸尘器入手介入技能发展干预。治疗师通过使用吸尘器,建立了和迈克尔之间的分享游戏,开展问题解决、应对技巧的游戏,甚至运用了针对增加目光接触和言语表达的活动,所有这些都是利用迈克尔对操控真空吸尘器的兴趣而实现的。

迈克尔对摆弄办公室吸尘器的兴趣一直延伸到他的家中,于是,治疗师能够向迈克尔的父母传授如何使用吸尘器来培养他的各种技能。迈克尔的父母便得以在家中使用吸尘器和迈克尔共度游戏时光,以此提高目标技能水平。通过迈克尔在游戏室与治疗师和在家与父母玩"吸尘游戏",迈克尔开始向着他的治疗目标大踏步前进。

每个患有自闭症谱系障碍或任何发育障碍的儿童，在游戏技巧方面都处于不同的位置。治疗师通常不知道儿童将表现出什么样的游戏水平或能力，所以，进行恰当的评估必不可少，以便了解儿童的游戏能力、水平或技巧。我们把所有患有自闭症的儿童设想成完全没有游戏技巧是不公平的。一些自闭症患儿，他们游戏的方式和对象也许看上去不同于传统的游戏，但另一些自闭症儿童确实具备高级的游戏技巧，而且他们的游戏技巧与典型发育的同龄人不相上下。在自闭症谱系中，处于高功能的儿童，完全可能参与真正的假装和想象游戏。

患有自闭症谱系障碍和其他发育性疾病的儿童和青少年，往往无法达到儿童正常发育的标准。我们在选择指导性游戏治疗技术来帮助提高儿童的技能水平时，重要的是要注意到儿童的技能水平可能与他/她的生理年龄不符。如果某项技术让儿童或青少年难以理解或感到焦虑、使他/她无法全身心投入时，对技术做出调整以减轻焦虑感，并提高其参与意愿就显得十分重要（Delaney，2010）。

罗伯特自闭症游戏治疗的指导性游戏治疗技术会根据儿童的游戏技能水平来量身定制治疗方案，帮助提高他们的游戏技巧和其他所需的技巧和能力，如社交技能和情感技能。罗伯特自闭症游戏治疗考虑到了自闭症儿童可能会缺乏游戏技巧的因素，对指导性游戏和游戏方式给予了详尽的介绍，以便他们可以参与和学习以游戏为基础的技术。在开始治疗时，治疗师应对儿童和青少年进行全面评估，以便发现他们的技能缺陷，从而制订治疗目标，并依据每位儿童的技能需求，有针对性地选择指导性干预措施。

我们必须要记住，当与任何一位儿童工作，使用任何一种技术，治疗师将会发现，他/她与每位儿童互动的水平不尽相同，这时需要治疗师在与儿童工作时做出判断。如果儿童受损严重并且参与游戏很困难，那么，治疗师需要更多地介入游戏，引领大部分游戏过程，发挥更多的指导和教育作用。如果儿童受损程度较轻或者在某些领域发展较好，那么治疗师需要减少指令/教导，并让儿童在游戏活动中自己创造和发挥。必须要记住的是，有时候治疗师会非常注重指导和参与，但是，治疗师应该始终关注儿童的进步，并放手让他/她挑战自己、独立做更多的事情。

治疗师应该读一读罗伯特自闭症游戏治疗的技术手册——《基于游戏的自闭症和发育障碍干预措施》(*Play-Based Interventions for Autism and Developmental Disabilities*)。该书收录了75种以上基于游戏的指导性干预措施，以及为有自闭症谱系障碍和其他发育障碍的儿童制订的干预措施指南。本书的附录和参考文献部分还推荐了几本基于游戏的干预技术的书籍。尽管许多参考书籍并非自闭症专著，但有些干预措施，特别是一些针对自闭症进行调整的措施，仍然可以用于自闭症儿童和青少年。关于自闭症儿童和青少年的指导性游戏治疗技术，需要记住以下要点。

1. 治疗技术应该是指导性或结构化的，这意味着由治疗师决定采用什么技术，并且在实施技术的过程中起到积极作用。
2. 治疗技术含有教育的成分，治疗师通常会充当老师的角色，教学内容的深浅因人而异，取决于儿童需要治疗师给予何种程度的帮助。
3. 治疗技术通常应该避免隐喻。一些轻微受损的儿童和青少年也许能够理解隐喻的任务，但是，大多数有自闭症谱系障碍的儿童和青少年都理解不了。
4. 治疗技术应该较少或者不应包含抽象或象征性的内容。大多数自闭症儿童和青少年，难以参与抽象任务，不易理解象征意义或抽象表达，对于具体、形象的游戏任务才比较能胜任。
5. 在理想的情况下，治疗技术应该既容易简化又能够增加难度。只有这样，治疗技术才可以根据每一名儿童或青少年的技能水平进行调整，以满足他/她的治疗需要。
6. 自创的治疗技术，应该既容易向家长传授，又方便让家长在家庭环境中实施。不应向家长提出购买某些玩具、道具或材料的要求来实施家庭干预。
7. 实施干预技术的过程并非总是连续而流畅的。指导性游戏治疗技术的一个组成部分，是要提供需要发展的某项技能的说明。治疗师通常还要中断游戏来进行动作示范，或者解释怎样正确地说话和做事。

8. 即使有很多现成的治疗技术可供选用，但还是要创建一些技能发展的方法。在很多地方都可以找到创建治疗技术的灵感。治疗师应该尝试创建和实施最适合与之工作的儿童或青少年的技术。附录部分包含一份表单，用于指导如何为自闭症儿童创建指导性干预措施。

9. 实施一项治疗技术时，治疗师应该保持灵活。如果有必要，治疗师应随时准备好放弃治疗的架构，认识到儿童可能已经接近完成了这项治疗技术。

10. 治疗师可以使用奖励机制，激励儿童参与和完成治疗。在对儿童实行奖励机制之前，一定要与孩子的父母进行讨论。

罗伯特自闭症游戏治疗对于3—18岁儿童最为有效，无论他们是轻微还是严重受损。对于年龄较小或受损更严重的儿童，治疗师可以从本书后续将讨论的"跟随我"方法着手。针对有自闭症谱系障碍的儿童和青少年，在罗伯特自闭症游戏治疗会谈中使用指导性游戏治疗技术时，还要进一步遵循如下重要的指导原则。

1. 从儿童或青少年进入治疗室和/或游戏室开始的第1次会谈起，就要制订一个正规的例行程序供他们遵守，尝试让每次会谈保持一致性。自闭症患儿对可预测的事情往往会做出更积极的反应。

2. 一些自闭症儿童和青少年可能会有严重的感觉处理问题，治疗师应评估他们的需要，对治疗室进行相应的调整。这可能包括调整照明、噪音水平，按儿童的意愿灵活调整他们的座位，避免某些类似香味蜡烛的气味。

3. 在介绍指导性游戏治疗技术时，将技术指令分解为简单明了的步骤。如果儿童或青少年在理解或完成一项干预技术时感到困难，那么，治疗师可能要尝试一次只完成一个步骤，而不急于发出下一个指令。

4. 如有必要，对儿童或青少年示范你希望他们做的事情或创建的东西。有时候，儿童需要直观地表达对他们的要求。自闭症患儿通常在接受性语言能力上有欠缺，因此，如果只是用口头说明，许多自闭症儿童可能会很难理解干预措施的指令。

5. 准备好与儿童或青少年一起参加游戏活动。通常，治疗师需要积极参与并辅助儿童，与他们一起玩耍，并且创建自己的干预形式。

6. 在治疗技术实施期间和之后，特别是当儿童或青少年表现出已经习得技能时，应该向儿童或青少年进行反馈，对他们的表现和取得的成绩给予称赞，对他们进行鼓励。

7. 在会谈和实施干预技术期间，要充当一名观察员，以便评估该技术是否适合儿童，并且恰到好处地帮助儿童或青少年达到预设的治疗目标。留心查看儿童是否感到挣扎，并认真评估如何帮助儿童解决他/她受到的困扰。

8. 向儿童提出有关该干预技术的问题，询问儿童或青少年他/她是否喜欢这项技术，或者他/她是否从该技术中学到东西。尝试与儿童一起实施该技术，并将该技术应用到儿童的现实生活中。

9. 每次会谈结束后，用一点时间来回顾会谈的进展情况，评估该技术对儿童或青少年来说是否是一项成功的干预措施。

10. 趣味重于形式。应该让儿童感到安全、舒适，并在干预期间享受乐趣。请记住，自闭症儿童在治疗技能缺陷问题的时候，可能也会感到某种程度的焦虑或失调。

11. 有一种技能难以衡量而且往往被低估，那就是治疗师喜爱游戏的天性和心态。因为许多技术被用来解决技能缺陷，而有些技术又丝毫没有吸引力，所以治疗师具备好玩的童真心态对于让儿童体验技术的趣味性和愉悦感至关重要。

12. 与儿童及其家庭发展良好的关系可以让干预技术达到最佳效果。这种例子不胜枚举，当治疗师没有重视解决关系联结问题时，儿童会拒绝接受挑战并与治疗师发生冲突。然而，同样是这些儿童，在遇到将促进关系发展作为贯穿治疗必不可少的部分的治疗师时，就能够与治疗师合作，放松地参与对各项技能发展的干预。

一旦将一项游戏干预技术引入治疗，从那一刻起，我们就需要让儿童意识到他需要练习该技术。治疗师、家长和孩子，可以连续几次会谈都练习同样的技术，也可以在一次会谈中完成一项技术。如果技术能直截了当地协助达成治疗目标，或者有助于进行治疗评估，则可以在几次会谈后进行回顾和再完成。许多技术可以成为辅助的工具，帮助儿童应对问题和适应环境，并可以终身运用。孩子和父母最好能够尽可能多地使用和参照这些技术。父母可以建立一个"工具箱"，积累一些创意和干预措施，以便在他们感觉到有益的任何时间与孩子一起实施。

玩具、游戏和材料

罗伯特自闭症游戏治疗经常会用到玩具、游戏和表达性艺术材料（附录中提供了罗伯特自闭症游戏治疗推荐的玩具和材料清单）。在罗伯特自闭症游戏治疗中使用玩具时，对患有自闭症谱系障碍的儿童或青少年，治疗师需要考虑一些重要问题。第一，自闭症儿童或青少年可能会忽视许多其他儿童或青少年常用或喜欢的玩具。第二，一次摆出太多的玩具或者玩具摆放杂乱无章，可能会让自闭症儿童或青少年患者感到无法调适。第三，自闭症儿童或青少年可能会选择专注于一两个特殊的玩具，并喜欢在一次又一次会谈中反复玩耍。第四，对于自闭症谱系障碍儿童或青少年患者来说，仿真玩具，例如玩具手机和厨房玩具，或者感官类玩具，例如感官球、沙子和减压小玩具，可能会更受欢迎或更具吸引力。第五，治疗师所挑选的玩具和材料，需要与将要实施的指导性干预措施相匹配。

许多患有自闭症的儿童和青少年，有可能会非常喜欢某类游戏，例如棋盘游戏、纸牌游戏、运动游戏或表演游戏，甚至觉得它们更具吸引力。罗伯特自闭症游戏治疗的一些干预措施正是采用了游戏的形式。治疗师应该特别留心那些对于技能水平或身体条件有一定要求的游戏，并确保游戏与儿童的能力水平相符。表达性材料包括各种艺术形式，例如在沙盘、其他感官盘和电子应用程序上画图和着色。运用表达性材料时，必须考虑儿童在感觉处理方面的敏感性因素。一些儿童自闭症患者可能对沙子或黏土产生反感，或者可能对颜料的气味有强烈的不适反应，而另一些患有自闭症的儿童并不觉得这些材料有任何问题，反而会感到舒适和放松。在选择干预措施时，治疗师应特别照顾每位儿童和青少年的感觉需要。

罗伯特自闭症游戏治疗会谈由多项指导性游戏治疗技术组成，可能会用到各种各样的玩具、游戏和表达性材料，它们均由治疗师挑选作为指导性技术的组成部分。通常情况下，游戏会谈的大部分内容由治疗师负责架构（本章稍后讨论的"跟随我"方法除外），所以，根据治疗的目标精选玩具是极有必要的，因为它涉及选用什么玩具或材料才能更好地实施指导性游戏技术。治疗师还应考虑到一些患有自闭症的儿童喜欢在游戏室环境中自己玩耍，那就应该给儿童提供这样的机会。在安排会谈时间方面，许多治疗师已经成功地将实施指导性技术与留出时间给儿童进行非指导性游戏完美地结合起来。附录中列出了一份典型的玩具和表达性材料的完整清单。

游戏治疗室

罗伯特自闭症游戏治疗会谈可以在游戏治疗室、治疗师办公室、学校的心理咨询室、特殊教育学校教室或几乎任何环境中进行。由于大多数会谈都预先选定了游戏治疗技术，治疗师可以事先收集好所需的材料和玩具，并在治疗场所准备妥当。通常，在游戏治疗室里应常备若干玩具和材料，这样，如果需要在会谈过程中改变或调整干预措施，治疗师更容易在附近随手找到所需的材料或玩具，以便轻松转换。对于是进入游戏治疗室，还是待在治疗师的办公室，一些儿童或青少年可能会有偏好。如果他们有明显的偏向，那么应该优先照顾这种偏向。但假如儿童没有偏向，则最好选择在游戏治疗室进行会谈，因为游戏治疗室确实提供了良好的环境和机会，来持续评估和测定儿童游戏技能的发展和进步。治疗师应当注意，一些患有自闭症的儿童可能会觉得游戏室太容易分散注意力，或者令他们感到有压力。在这种情况下，治疗师应该在办公室，或者在一个更加温和友好、较少刺激的环境中进行会谈。

在罗伯特自闭症游戏治疗中，在治疗的摄入和评估阶段（本书后续将进行更充分的讨论），当治疗师对儿童单独进行观察，或者同时对家长和儿童进行观察时，应该首选在游戏治疗室中。同样，在摄入和评估阶段，应让儿童在可能需要进入的大楼、办公室和游戏室进行参观。这一过程会帮助儿童熟悉环境，并让儿童知道他/她可以根据自己的喜好选择游戏室或者其他场所。在摄入和评估阶段完成以后，只要实施干预所需的玩具和材料准备到位，就可以在任何办公室环境下进行治疗会谈。

罗伯特自闭症游戏治疗过程的基本信息

1. 罗伯特自闭症游戏治疗是一种游戏治疗和行为治疗的干预方法，适用于患有自闭症谱系障碍、发育性残疾和其他神经发育障碍的儿童和青少年。
2. 罗伯特自闭症游戏治疗最适合治疗在社交功能、情绪调节和关系发展方面出现严重受损至轻度受损的3—18岁儿童。
3. 罗伯特自闭症游戏治疗包含一个治疗启动之前的全面评估，以确定儿童的技能水平和缺损情况。
4. 治疗的重点是社交技能、情绪调节和关系联结领域的技能提升。
5. 采用基于游戏的指导性干预措施来促进技能发展。
6. 设计和实施干预技术的目的，是解决自闭症患儿出现的特殊的学习和感官问题。
7. 治疗中会使用常见的游戏治疗玩具、游戏和材料以及典型的游戏治疗室。
8. 父母被传授如何在家中与孩子一起实施基于游戏的指导性干预措施。

罗伯特自闭症游戏治疗，针对对自闭症和其他发育障碍的儿童和青少年造成典型影响的主要领域，通过提供全面综合的治疗方案向治疗师赋能。通过参加罗伯特自闭症游戏治疗培训，治疗师可以在自闭症谱系障碍领域储备丰富的知识，为给不同程度的儿童和青少年自闭症患者提供帮助、建立治疗方案、达到治疗目标而做好充分的准备。此外，罗伯特自闭症游戏治疗能帮助治疗师，协助家长增长知识并充满信心地去帮助他们的孩子获得所需的技能。

罗伯特自闭症游戏治疗是一种针对自闭症谱系障碍和其他发育障碍的适应性强、兼收并蓄的治疗方法。罗伯特自闭症游戏治疗常常可以与其他治疗方法联合运用，协同作战，帮助患有自闭症的儿童和青少年在技能发展方面取得进步。罗伯特自闭症游戏治疗主要聚焦在四个领域：情绪调节能力、社交技能发展、联结（关系发展）和家长培训。罗伯特自闭症游戏治疗包括三个治疗阶段：摄入和评估阶段、指导性游戏干预阶段和结束阶段。后文会对这四个领域和三个治疗阶段做进一步阐述。

罗伯特自闭症游戏治疗的首要目标领域

情绪调节能力

当儿童或青少年缺乏情绪调节能力时，他/她很难处理情绪和根据情境调整情绪。儿童可能变得过度情绪化，可能不会表达情绪，可能缺乏恰当的情绪表达方式，可能无法理解或区分情绪，无法识别他人的情绪，或者可能无法管控自己的情绪。如果儿童不能调节自己的情绪，他们的交流就会受到影响。

患有自闭症谱系障碍和其他发育性残疾的儿童和青少年，经常在情绪调节方面感到挣扎。管理和调节积极和消极的情绪，对他们来说可能都是一项挑战，而且往往因为没有恰当的调节情绪的能力和训练，这些儿童和青少年在情绪失控时会产生消极的不当行为。情绪失调的一些症状包括口含或者吸吮物品或手指，握住或抚摸有安慰感的物体，踮脚走路，来回摇摆，晃手，发出嗡嗡声和无意识的噪声，变得好斗或不顺从，或变得孤僻退缩，试图将自己从压力状态中解脱出来，执迷于特定的主题和感兴趣的领域，在遵守规定和时间表方面行为僵化。

表 3.2　社交技能、情绪、行为的过程

缺乏技能发展→调节不良的情绪状态→消极或不当行为

在罗伯特自闭症游戏治疗中，儿童和青少年自闭症患者所缺乏的情绪调节能力可分为以下六种类型：识别情绪，理解和表达情绪，对情绪和情景的认知，识别他人的情绪，分享情绪体验和管理情绪。每个类型的问题可以同时干预或者逐项进行。

这六种类型的情绪调节能力的定义如下。

1. **识别情绪**，是指儿童识别情绪、准确地标记情绪，并表现出几种与年龄相符的情绪的能力。
2. **理解和表达情绪**，是指儿童理解自己可能经历的特定情绪的能力，例如沮丧和愤怒，以及以恰当的方式表达他/她所感受到的情绪的能力，例如将他/她的感受用口头语言向他人表达。
3. **对情绪和情景的认知**，是指儿童认识到某些情绪与某些情境相符的能力，例如，一位妇女参加葬礼，这可能会让她感到悲伤。
4. **识别他人的情绪**，是指儿童辨认其他人的情绪和情感表达的能力，例如，能够察觉父母何时感到伤心或生气，或者另一个孩子在学校感到孤独。
5. **分享情绪体验**，是指儿童与另一个人互相分享情感的能力，比如在参与互动活动时，兴奋地与他人交往。
6. **管理情绪**，是指儿童管理自己情绪的整体能力，例如识别情感，能够以适当的方式表达情感，以及知道如何处理消极情绪以进行自我调节。

Kuypers（2011）提到，每个人随时都在进行自我调节，无论他们有没有意识到。所有人时不时都会遇到考验自己极限的艰难环境。如果儿童能够认识到他们逐渐开始失调，他们就可以做一些事来让自己感觉好受一些，达到一个更好的情绪状态。对于一些人来说，这是轻而易举的事情。但是，对于患有自闭症谱系障碍的儿童和青少年来说，这却是一项需要学习和练习的技能。

在罗伯特自闭症游戏治疗中，基于游戏的干预措施以情绪调节为中心，可以为每一位儿童和青少年量身定做，解决特定儿童需要改善的情绪调节问题。基于游戏的干预措施既轻松自然又生动有趣，因此对儿童更具有吸引力。许多基于游戏的干预措施可以实施多次，既可以与治疗师一起进行，也可以在家中与父母和其他家庭成员一起进行。可以持续实施基于游戏的干预，直到儿童或青少年表现出已经成功地达到预期的情绪调节水平或获得了情绪调节技能。在摄入和评估阶段，应使用《罗氏游戏治疗情绪调节评估表》以及通过治疗师的观察，来评估儿童的情绪调节能力。一旦评估出儿童的能力水平和缺陷，我们就应该选择指导性游戏治疗技术，来解决需要强化或发展的情绪调节方面的问题。

儿童究竟有哪一类型的情绪调节问题需要解决，取决于其情绪调节能力。每一位自闭症患儿存在的问题不一样，因此，在摄入和评估阶段，对情绪调节进行全面评估极其关键。正确的评估有助于确定儿童需要处理哪些类型的情绪调节问题，并将引导治疗师选用哪些指导性游戏治疗技术去处理儿童的缺失。要记住，受损较严重的儿童可能要从识别情绪开始，因为如果不能先识别自己的情绪，那么掌握其他类别的情绪调节技能就无从谈起。许多对自闭症儿童采用的干预措施就是从识别情绪或者理解和表达情绪开始的。

社交技能发展

"社交技能"这一术语实际上是一个总括性的概念，涵盖了从简单到复杂的广泛多样的技能。从学习目光交流，到识别不安全的环境，再到在公共场合发表演说都属于社交技能。

社交技能是人际关系的特定行为，掌握这种技能使得个体有能力在具体环境中与他人成功互动。一个人是否具备恰当的社交技能以及达到何种程度，是由他人来判断的。这对于患有自闭症谱系障碍或其他发育性残疾的儿童和青少年来说尤其真实，因为即使在获得一项社交技能之后，他们也许仍然不能完全理解或认识这项社交技能。

患有自闭症和其他神经发育障碍的儿童和青少年在社交技能和社会功能方面的受损程度各不相同。许多人未能发展与同龄人的友谊，并且很难理解社交生活的规则。Laushey 和 Heflin（2000）建议，社交行为受损相当普遍地存在于自闭症患儿身上，因此，社交技能缺陷应该被视为自闭症谱系障碍的定义特征。

Dawson、McPartland 和 Ozonoff（2002）阐明，每个被诊断为自闭症谱系障碍的人都会在社会交往方面遇到问题，特别是社交互动，而正是来回往复的社交互动构成了所有社会交往。另外，儿童和青少年自闭症患者对友谊的概念往往非常有限，经常遭到同伴拒绝，并且可能难以主动发出邀请式的社交肢体语言。当儿童和青少年自闭症患者被带到社交场合，而他们还没有掌握恰当的社交技能来应对这种场合时，它会给儿童带来极大的焦虑，这通常会导致不当行为。哪怕只是一想到被置于不熟悉的场合，或者被置于一个他们缺乏技能去自如应对的地方，就足以引起儿童强烈的焦虑感并导致不当行为。

Stillman（2007）提出，儿童和青少年自闭症谱系障碍患者往往在以下社交互动和社交功能领域存在一定程度的损伤。

1. 儿童不会向生活中他/她的照顾者和其他重要人员表达关爱。
2. 似乎对交友缺乏兴趣，但实际上是不知道如何参与交往和结交朋友。
3. 表现得非常害羞或退缩。
4. 对讽刺、挖苦和其他形式的幽默缺乏理解和识别能力。
5. 不能表达和展示情绪以及识别他人情绪。
6. 常常口若悬河但只谈论一个话题。
7. 在公共场合或别人身边随意自言自语。
8. 在社交场合表现出刺激（stimming）行为，例如不停地咀嚼自己的衬衫或晃手。
9. 似乎对通过计算机而不是当面与他人互动更感兴趣，并且希望花大部分时间玩电脑或电子游戏。
10. 似乎更愿意与成年人，而不是与同龄儿童交谈，并且表现会更加自如一些。

Dienstmann（2008）坚信社交技能一定要通过学习方可获得。人们认为社交技能会奇迹般地出现在未经发展训练的儿童身上是一种普遍的错误观念。研究指出：社交技能培训是一种基于循证的学习社交技能的治疗手段。我们需要记住，社交技能是技能，每个人都是在某个时间点学会它们的。无论目前儿童的社交功能处于什么水平，他们都可以学到更多的社交技能。罗伯特自闭症游戏治疗借助家庭环境中的家长，去进一步发展儿童和青少年自闭症谱系障碍患者的社交技能。在日常生活中，每天都有机会练习社交技能，家长则可以利用日常环境让孩子反复练习。

罗伯特自闭症游戏治疗教授自闭症儿童学习他们当前能力尚未企及的社交技能和社交功能，我们首先需要对儿童进行评估，以了解他们目前已经具备哪些社交技能，缺乏哪些技能，并通过让父母和其他照料者填写《罗氏游戏治疗社交技能评估表》以及由治疗师进行观察来完成评估。一旦评估发现了个体的社交技能缺陷，就可以选择指导性游戏治疗技术来训练需要改进的每一项社交技能。治疗师在办公室或游戏治疗室中，通过运用若干指导性游戏治疗技术，将社交技能传授给儿童，然后，又将这些培养社交技能的技术传授给家长，让他们在家中与孩子一起练习。

联结（关系发展）

患有自闭症谱系障碍和其他神经发育性残疾的儿童确实是有联结感的，如果我们突然带走他们的照料者并换新的护理人员，他们极有可能会表现得很糟糕。虽然如此，这些儿童确实又很难以有意义的方式展现和表达联结，自然也难以用社会典型的和普遍接受的方式表达联结。

Coplan（2010）阐述道，自闭症和其他神经发育障碍的儿童患者缺乏互动能力，这种症状可能从出生以后就可以被发现，进而出现在婴幼儿期没有眼神交流，发展到学龄前难以掌握互动游戏，然后到上学以后不能够对他人感同身受。

Lindaman 和 Booth（2010）描述了自闭症谱系障碍患儿在关系参与和联结方面存在的几个困难。

1. 在感觉和运动协调相关方面表现出困难，使得患者与他人建立协调和保持同步变得非常具有挑战性。
2. 模仿和预料他人行为的能力较弱。
3. 在言语和非言语交流、吸引和转移注意力方面出现的困难，给识别情绪、想法和欲望带来挑战。
4. 以不同的方式接收或处理信息时表现出困难。
5. 这些困难让父母不知道该如何恰当地协调、理解和回应，这可能导致孩子出现更多的退缩行为。

缺乏关系联结能力，不能够体会到真正的关系联结，可能是最困扰自闭症或其他发育障碍患儿父母的担忧之一，因此不能低估患儿和父母之间关系联结的状况。父母需要感受到自己与孩子之间的联结，其中一些关系联结需要由孩子发起。儿童需要以健康和恰当的方式学习关系联结。Ray（2011）提出，当孩子与他人建立亲密关系时，他们会对他人表现出热情，会寻求与他们融洽相处的成年人的支持，并表现出很享受他们之间的亲密关系。

本书中的联结和关系发展干预措施经过精心设计，旨在增进儿童与照料者之间的联结，促进儿童与其他重要他人之间的关系发展，教会儿童和青少年如何更成功地吸引他人并提升关系联结，并营造有趣、自然、基于游戏的氛围，以便儿童和青少年掌握更多的关系发展和联结技巧。

本书中的联结和关系发展干预的方法，设计由易至难，治疗师应特别注意与他们工作的儿童的年龄大小和功能水平，并选择与儿童水平相匹配的干预措施。较低功能水平的儿童可能会对最基本的联结干预措施都感到艰难，这就需要从最初级水平的干预措施起步。针对儿童的水平循序渐进才是非常重要和恰当的做法。如果强迫儿童或青少年参与让他们感到不舒服，或者超出其功能水平的处理联结的干预措施，可能会导致儿童的行为"崩溃"，并可能使儿童更加抵触参与后续的基于联结的干预治疗。

患有自闭症谱系障碍和其他神经发育障碍的儿童和青少年，其实普遍渴望与他人建立更紧密的联结，并期望拥有更深的关系体验，至少能达到他们感到舒适的水平。通常的结果是，儿童在处理联结问题时，没有能够体验到他们所期望的联结和关系水平，他们似乎缺乏建立联结的技巧和能力，所以不能达到他们想拥有的联结水平，这几乎是普遍现象。

这些基于游戏的干预措施，目的是帮助儿童提升建立和保持有意义的联结和关系，通过始终如一并且目标明确的介绍和练习，治疗师和家长可以帮助儿童和青少年达到他们所渴望获得的联结和关系发展的水平。联结技能发展的不同程度以及对舒适的关系水平的不同追求，使得每一位儿童和青少年都可能会呈现不同的治疗目标水平。每个人，无论是非典型发育的还是典型发育的，都没有必要在关系发展中追求千篇一律的目标和技能水平。究竟每一位儿童和青少年应该达到怎样的联结能力水平，才能满足普通的功能目标，以及他们希望达到的与他人建立更深层次的联结和关系发展的程度，都存在一定的主观性。

罗伯特自闭症游戏治疗在联结干预领域的重点，是创建了可以由父母和孩子一起实施、有助于促进关系发展和联结的指导性游戏治疗技术。这些技术旨在为父母和孩子提供充满乐趣、建立联结的指导性方法，以帮助孩子学习关系联结和发展技能。

值得注意的是，当家长正在实施与情绪调节和社交技能相关的指导性游戏治疗技术时，有一些联结干预会同时发生。当家长对这两个领域实施干预时，即使没有针对性地对联结领域进行处理，某种联结干预也会相辅相成。因此，实际上贯穿于整个自闭症游戏治疗过程中，联结关系都会得到干预和发展。

罗伯特自闭症游戏治疗的次要目标领域

　　罗伯特自闭症游戏治疗除了靶向三个首要目标领域，还针对三个次要目标领域，它们是焦虑感减轻、感觉处理和行为改变。Parker 和 O'Brien（2011）提出，一些研究表明儿童和青少年自闭症患者均有高度抑郁和焦虑的症状。患有自闭症和其他发育障碍的儿童和青少年经常会出现严重的焦虑感，导致失调和不当行为。大部分焦虑感是由于缺乏技能发展而产生的。通常，这些儿童和青少年缺乏足够的技能来应对社交情境，或者缺乏足够的技能来管理自己的情绪状态。当实施了适当的、有针对性的基于游戏的干预措施时，儿童和青少年可以学习在各种环境和情绪状态下活动所需的技能，并有能力调整自己的行为去适应各种场景，而不至于出现行为失调。

　　感觉处理指的是儿童通过他/她的感官不断地收集感知觉信息，并且将之转化为恰当的动作和行为反应。这些感官包括视觉、听觉、触觉、味觉、嗅觉、前庭觉和本体觉刺激（Obrey & Barboa, 2014）。患有自闭症的儿童和青少年经常因为出现感觉处理问题而倍感挣扎。自闭症的儿童和青少年患者常常会觉得，周围环境大多会给他们七个感官中的一个或多个带来极度的刺激。处理感官刺激时表现过分敏感和挣扎很容易导致行为崩溃。Cross（2010）提出，有意地将七种感知觉融合考虑后提供给儿童的游戏体验，不仅能够让儿童克服游戏和学习困难，而且能够提高他们的能力并达到超出预期的效果。

　　Vaughan（2014）认为，所有行为都是一种信息，它描绘出儿童所思所感的图画，并反映出他/她处理来自外界的信息的方式。患有自闭症的儿童和青少年确实常常会因为处于失调状态而产生不当行为。对于患有自闭症的儿童，失调状态可能会受到多种多样的技能缺损和环境条件的影响。Miller 和 Smith（2014）提出，种种情况，包括难以转换和应对变化、感觉处理困难、无力达到处理社交的要求和期望，以及无法调节情绪状态，都有可能会导致失调状态的出现。自闭症患儿出现的大多数不当行为，特别是失调的行为崩溃，都被理解为并非有意为之，而主要是由社交和沟通技能缺损引起的。

罗伯特自闭症游戏治疗通过实施已得到认可的罗氏游戏治疗方案，处理焦虑感减轻、感觉处理和行为改变的次要目标领域。对情绪调节领域具有特殊功效的指导性干预措施，将帮助儿童调节他们的情绪状态并减轻焦虑感。社交技能干预将协助儿童获得适应各种社交情境的技能，同时，掌握这些技能将会减轻焦虑感，并帮助儿童避免出现失调的状态。罗伯特自闭症游戏治疗中的许多联结和情绪调节干预措施都会结合针对感觉处理领域的干预。在三个首要目标领域出现技能改善，也会促进焦虑感的减少和感觉处理能力的提高，所有这些都有助于改善不当行为。

罗伯特自闭症游戏治疗的阶段

摄入和评估阶段

罗伯特自闭症游戏治疗的摄入和评估阶段通常需要持续 4 次会谈（附录中为治疗师提供了摄入和评估指南）。第 1 次会谈是与家长的一般性摄入会谈。通常，儿童不参加此次会谈，治疗师与家长见面以完成所有必要的文书工作，获得有关所呈现的问题信息和儿童／家庭的背景信息。治疗师解释治疗过程和罗伯特自闭症游戏治疗的工作机制。治疗师向家长提供《罗氏游戏治疗情绪调节评估表》《罗氏游戏治疗社交技能评估表》《罗氏游戏治疗联结评估表》以及《罗氏游戏治疗游戏技能评估表》，让家长填写。如果认为有必要，治疗师可以让家长填写更多的表单。另外还有《自闭症治疗评估检查表》，这也是一份极有帮助的表单。

第 2 次会谈是治疗师与儿童一对一地工作。治疗师将与儿童见面，开始建立关系并帮助他们熟悉，让他们对治疗程序感到舒适。治疗师还将非正式地对儿童进行观察和评估。这次会谈通常在游戏治疗室中完成。游戏治疗室为评估自闭症谱系障碍和其他发育障碍儿童的发育水平及其游戏发展技能提供了极好的机会。治疗师将使用并填写《罗氏游戏治疗儿童观察表》，帮助他们界定孩子的技能和功能水平。通常，治疗师会在整个会谈的过程中对孩子进行观察，需时大约 45 分钟。治疗师应该着重建立关系，培养默契，并完成《罗氏游戏治疗儿童观察表》的填写。

第 3 次是同时与父母和孩子的会谈。治疗师将在游戏治疗室中同时对孩子和父母进行观察。如果可能，治疗师将通过摄像机或双向镜进行观察。如果没有这类设备，治疗师应该待在游戏治疗室的一个角落进行观察。对孩子与父母的观察应该持续约 25 分钟。剩下的时间，治疗师应该用来与家长会谈，并回顾观察结果和回答问题。如果儿童不能独自留在等候区，治疗师应该在第 3 次会谈之前与家长商量好，在家长和治疗师见面时需要安排托儿服务。在观察孩子和父母期间，治疗师应使用并填写《罗氏游戏治疗儿童／家长观察表》，以帮助界定儿童的技能和功能水平。

家庭观察可以是对双亲与孩子的观察，或者是对父母一方与孩子的观察。家长可能会因为受到观察而感到焦虑。治疗师应该帮助家长放松，并告诉他们可以自由地做平时会在家里做的事情，只需要保护孩子的安全，其他没有任何限制。治疗师应向家长解释，观察将持续大约 25 分钟，剩余的时间将用于梳理表单和讨论观察结果。

家长应该在第 3 次会谈结束时填写并提交治疗师提供给他们的所有表单。在第 3 次与第 4 次会谈之间，治疗师应该回顾由家长填写的评估表和观察表。治疗师应建立《罗氏游戏治疗计划个人档案》，确定要解决的目标领域和具体技能。然后，治疗师将选择指导性游戏治疗技术，以便攻克靶向目标领域和具体技能。

第 4 次会谈，上半节从治疗师与儿童见面开始，继续建立关系，帮助儿童熟悉并适应环境。在会谈的下半节，治疗师与家长会面，以回顾治疗计划并建立指导性游戏干预治疗的阶段。治疗师应该解释治疗过程，首先要处理哪个目标领域，将处理哪些具体技能，以及治疗将如何展开。这是和家长进行讨论的时间，治疗师需要确保家长对治疗计划表示赞同。

在第 4 次会谈期间，治疗师还将与家长确定在父母和孩子之间的交替会谈是如何进行的。治疗师将与孩子和父母轮流进行会谈。这可以以几种方式开展，最常见的方式是，这一周与父母会谈，下一周与孩子会谈。如果可以在一周内进行两次会谈，那么一次可以与孩子在一起，另一次与父母在一起。或者另一种方式，即每一周都与父母和孩子会面，但要把会谈的时间分开。这些都应该解释清楚，并建立好会谈的循环周期。

指导性游戏干预阶段

摄入和评估阶段基本上就是用于确立指导性游戏干预阶段的治疗计划的内容。一旦确定了治疗计划，指导性游戏干预阶段就开始了。这往往是以第 5 次会谈为起点，从和家长的会谈开始。在与家长会谈时，治疗师要解释在下一次会谈中孩子将学习和使用的游戏治疗技术。治疗师应和家长讲解并练习该技术，并讨论他们如何在家中实施。治疗师向家长提供指导，告知他们应该在下一次与孩子的会谈后做些什么。实际上，直到治疗师与孩子完成一次会谈，并在会谈中向孩子解释和练习该技术后，家长才开始在家里实施。

第 6 次是与孩子的会谈。孩子学习了指导性游戏治疗技术，并在会谈时进行练习。治疗师向孩子解释他/她的父母将在接下来的两周与他/她一起，在家里玩这种游戏。会谈结束时，治疗师提醒家长，他们现在可以在家里实施该技术，而且治疗师已经把这一点告知了孩子。与家长和孩子轮流进行会谈，再与传授游戏治疗技术穿插进行，这是指导性游戏干预阶段的主要循环过程，这样一直持续，直到实现目标。治疗师在会谈中教给孩子的指导性游戏技术，应该尽可能多地传授给家长，以便他们在家中实施。治疗师在会谈中与孩子练习的一些指导性游戏治疗技术，由于活动设计性质的原因，或许不能转移到家庭环境中实施，这种情况是被允许的，但应该尽量减少。大多数游戏治疗技术，应该能教给家长，并可以转移到家庭环境中实施。

指导性游戏干预阶段的时间跨度各不相同，该阶段具体需要多长时间取决于儿童起步的功能和技能水平，以及父母的参与度。起步的技能水平越高，父母的参与度越高，指导性游戏干预阶段的进展就越快。重要的是要让家长知道，指导性游戏干预阶段并没有固定的会谈次数。个案研究调查显示，在参与治疗六个月以后，在情绪调节能力、社交技能发展和联结（关系发展）这三个罗伯特自闭症游戏治疗的目标领域，儿童均表现出显著的改善。但是，这并不代表指导性游戏干预阶段就此结束，而是表明儿童能力有所提高，治疗正在朝着目标前进。

治疗师应该执行评估程序，并定期进行重新评估，以确保最终达到治疗目标，同时也评定是否还有其他治疗目标需要实现。一种方法是让家长更新第1次会谈时填写过的评估表，并将前后评估表上家长给予的评分做比较。随着儿童表现的改善和治疗目标的实现，与家长的会谈可以适当减少到每月一次，增加与孩子的会谈次数。如果家长已经学会了大部分技术，并且能够积极、准确地在家中实施干预，那么与家长的会谈次数可以控制为每月一次直到治疗结束。但是，与家长的会谈次数，还是需要继续保持在某种程度上，直至治疗完成。请记住，家长培训会谈与儿童会谈的嵌合，可以通过各种方式来实现。治疗师可能会发现更加可行的方式，比如每次会谈同时与孩子和父母一起见面，或者将会谈分成两部分，前半段与孩子见面，后半段与父母见面。

结束阶段

以《罗氏游戏治疗计划个人档案》为指导，治疗师和家长要评估何时达到了治疗目标。此时就是结束阶段的开始。结束阶段通常由3次会谈组成。第1次会谈是与家长见面，回顾治疗计划，并评估治疗目标是否已经充分实现，是否需要增加其他治疗目标。我们需要特别注意，治疗师和家长在整个指导性游戏干预阶段可能会对最初的治疗计划进行调整，增加新的目标。结束阶段开始时，治疗师和家长进行会谈，一起回顾之前制订的治疗目标并确定目标已经实现，也没有新的目标需要达成。治疗师将与父母一起回顾孩子所学到的内容，以及探讨如何保持孩子所取得的进步。治疗师需要向家长强调继续通过他们掌握的技术促进孩子学习技能的重要性。

结束阶段的第 2 次是与儿童的会谈。治疗师向儿童解释疗程即将结束，一起温习他 / 她所学到的内容，鼓励他 / 她继续使用已掌握的技术，治疗师会向儿童说明下一次将是最后一次会谈，并将邀请其父母来参加"毕业派对"。

结束阶段的第 3 次是最后一次会谈，参加人员包括父母、孩子以及孩子想要邀请的任何其他家庭成员。本次会谈是儿童的毕业派对。派对的重点是大家要积极参加，尽情欢乐，关注儿童取得的成绩，庆祝他 / 她从治疗课程毕业。通常，派对在治疗师办公室、游戏治疗室或任何点缀有派对装饰品和气球的场所举行。治疗师准备好毕业蛋糕和其他派对物品，例如毕业小礼物、额外的食品等。治疗师和家长应该共同策划这个毕业派对。在派对上举行正式的告别仪式，并提醒父母和孩子，如果他们还有问题或需要恢复治疗，可以随时联系治疗师。

家长培训

罗伯特自闭症游戏治疗包含家长培训的部分，即向家长传授如何在家中实施指导性游戏治疗技术。家长学习治疗程序和技巧，并观看治疗师演示如何在家中实施技术，以提高孩子的技能和能力水平。大约在第 3 次或第 4 次会谈中，治疗师开始与父母和孩子交替进行会谈，做法是这一周与家长会谈，下一周与孩子会谈，或者可以一周内安排两次会谈，一次是家长培训，一次是与孩子会谈。在某些情况下，父母和孩子可以一起参加同一次会谈并同时学习干预技术。但是，在教授技能干预的时候是否要让父母和孩子同时参与，这一点应该慎重考虑，因为有些需要涉及的话题并不适合当着孩子的面与父母进行讨论或解释。培训次数的安排取决于几个因素，例如时间和费用是否允许。但是，无论如何，家长都需要有一定程度的参与，接受充分的培训。

在家长会谈期间，治疗师将检查家庭干预的情况，要求家长汇报他们完成的所有家庭作业，以及家庭实施干预技术的最新进展。治疗师还要与家长讨论将在家里开始实施的新技术，布置新的家庭作业。在与家长会谈时，治疗师一般都会与他们就养育孩子的方式进行交流。通常，治疗师会听取家长关于他们在养育罹患发育疾病的孩子的过程中所遇到的困难和担忧的问题，并为他们提供咨询。虽然这可能是会谈中的一项内容，但它不应该占用整场家长会谈的时间。会谈的重点还是应该讨论家长需要在家中与孩子一起完成的干预技巧和家庭作业。如果家长觉得他们能从个体或夫妻治疗中受益，或者对此有需要，那么应该推荐他们寻求特定的干预。

在罗伯特自闭症游戏治疗中，培训家长参与干预的最终目的是为了让家长与治疗师成为改变孩子的同盟。家长应该获得鼓励和支持，感到能量满满地去跟他们的孩子工作，运用一些行之有效的方式去实现既定的治疗目标。治疗师将训练家长在家中与孩子一起实施指导性游戏治疗技术。这些用于干预治疗的技术通常由治疗师进行挑选（尽管家长也可以参与选择技术），帮助孩子改善三个已评估领域中的发展技能缺陷，即情绪调节能力、社交技能发展和联结（关系发展）。治疗师将持续与家长会面，并培训他们在家中实施技术，直到达成治疗目标。在一段时间后，可以适当地将家长会谈减少到每月一次，但是家长会谈在某种程度上需要继续进行，直到治疗结束。

家庭干预治疗是模仿治疗师在会谈中对儿童实施的干预治疗过程。如果治疗师已经与儿童进行了一次会谈并实施了"我和我的情绪"游戏干预，家长就需要学习如何在家中实施这项干预，并按要求在两次会谈之间在家完成干预。当向家长传授了干预技术并布置家庭作业之后，治疗师能给予父母和孩子最有效的帮助，就是给出家庭干预的详细操作指导，比如明确告知"在下一次会谈之前完成三次'我和我的情绪'游戏干预"，或者"在我们下一次会谈之前每天完成一次游戏干预"。给出这样的时间限定能更好地指导家长去遵守，保证家长更加富有成效地完成家庭干预。

罗伯特自闭症游戏治疗在与家长一起工作并为家长提供培训方面赋予了极大的灵活性。如果父母双方可以一同参加，那么两位家长可以同时接受培训，或者只有一方家长参加培训。"家长"一词只是统称，通常是参与家长培训的人员，可以是孩子的主要照料者，也可能是养父母、祖父母、寄养机构的工作人员，或者主要参与照顾和抚养孩子的任何人。尝试让其他家庭成员或经常与孩子在一起的人参加培训也很重要。例如，如果家里有一个年长的哥哥或姐姐，那么在某些时候，哥哥或姐姐也可以参与家长培训，并学习如何在家中与儿童一起实施干预。也就是说，干预也可以由祖父母、姑姑、叔伯以及常伴孩子身边的任何家庭成员来完成。

在有另一位家庭成员参与培训之前，治疗师有必要与家长讨论并评估其参与是否合适。这位家庭成员必须是能够学习干预技术、有能力并且适合与孩子一起工作的人。如果这位家庭成员看上去并不能很好地与孩子工作，那么就不应该将其纳入培训。在适当和可能的情况下，治疗师应该尝试与其他家庭成员合作，因为这将为家长提供更多的支持，帮助实施干预，减轻家长的负担，也有助于孩子在技能发展上学习与不同的人相处。

对于在学校或者其他没有家长参与的环境下工作的治疗师，尝试联合其他专业人员与儿童一起工作是另一种合适的选择，例如辅助人员、另一名教师、实习生等，目的是让更多的人员参与，以便儿童可以在与主要治疗师的两次会谈之间多次练习干预技术。理想的情况是有家长参与，但如果家长不能参与，让其他专业人士加入以确保技能干预得到重复练习就是最适当的解决办法。

将一些有益的传统育儿技能整合到父母培训中是非常合适的，例如，可以加入"爱与逻辑（Love and Logic）""123魔法（123 Magic）""滋养的心灵（Nurtured Heart）"以及任何其他育儿方法，这些方法都包含一些元素，对养育患有自闭症谱系障碍或任何其他发育障碍的儿童会有所启迪。值得注意的是，许多当下流行的育儿方案都是为典型发育的儿童设计的，其中有些内容对患有自闭症或其他发育障碍的儿童可能没有帮助，或者意义不大。治疗师应当既要对自闭症儿童有充分的了解，又要对自身所传授的育儿方法了如指掌，这样才能为照料患有自闭症谱系障碍或者其他发展障碍的儿童提供有利的治疗元素。

家长培训会谈在某种程度上涵盖行为塑造方法，这可能包括指导家长如何为他们的孩子制订可视化的周计划表，让日常活动与计划保持一致，确立合适的结果和奖励制度并确保将其付诸实践。《罗氏游戏治疗情境行为评估表》可以由治疗师、家长或观察儿童行为的其他人来填写。该评估表有助于找出导致儿童特殊行为的可能原因，并确定实施哪些干预可以对减少消极行为有所帮助。

治疗师还可以使用《罗氏游戏治疗不当行为评估表》来帮助确定儿童在家庭和学校中发生的问题行为属于哪种类型，然后帮助治疗师决定与家长分享哪些类型的行为改变策略和育儿方法，以减少不当行为。治疗师如果尚不了解基本的行为治疗策略，特别是与儿童相关的治疗策略，那么应该多花时间博览群书，参加另外的培训，或者参与专业继续教育，以便更加熟悉行为治疗方法。

治疗师的家长培训会谈内容清单

1. 与家长一起回顾家庭游戏的干预进展情况。他们多久实施一次干预？干预进行得是否顺利？遇到什么问题？观察到什么结果？孩子是否参与游戏并在干预中取得进步？
2. 描述孩子在家和在学校的最新行为表现。
3. 讨论家长对于罗伯特自闭症游戏治疗、家庭行为、育儿策略和学校问题可能提出的任何问题。
4. 如果适用，研究并传授一些具体的育儿策略和行为塑造技巧。
5. 将需要在下一次会谈之前与儿童一起完成的新的干预措施传授给家长。请记住，孩子在学习的同时，父母也需要同步学习。所以，当治疗师在会谈中与儿童完成了一项新的干预措施时，家长也应该学习如何在家中实施这一干预措施。

家庭干预的注意事项

家长和儿童在家中实施游戏干预是罗伯特自闭症游戏治疗至关重要的部分。在家中实施干预时可能会出现一些需要特别注意的事项和问题。与治疗室环境不同，家里可以提供熟悉和舒适的环境。这也许是一个积极因素，但是也可能给在家里实施干预带来挑战。家庭成员可能不会那么认真地对待干预，或者完成干预措施的过程不够正式，以至于与治疗师和儿童在咨询会谈中实施的干预措施相比，家庭干预效果会大打折扣，这是在与父母进行会谈、获取反馈信息时需要评估和记录的事情。如果发生这种情况，应鼓励家长树立明确的目标，坚定不移、充分彻底地执行干预措施，甚至可以增加一个正式干预形式，例如与治疗师讨论确定在什么时间、什么地点以及以什么方式在家完成干预。

另一个家庭干预可能出现的问题是分心和干扰。家庭环境可能不如治疗师办公室那么容易控制。家中可能有其他儿童和亲属，家长可能很难找到可以排除其他干扰、集中精神的地方和时间对儿童实施干预。因此，治疗师需要与家长一起解决这个问题，尝试找到尽量减少分心和干扰的最佳办法。治疗师可能也会发现家长实施的干预与所教授的有出入，这可能是因为时间有限，家长在学习过程中未能完全理解干预措施，未能记住干预指导说明，或者还有其他林林总总的原因。治疗师需要解决这个问题，确保家长在家里准确地实施干预措施。如果干预措施在家没有获得实施，治疗师需要找到原因，并认真帮助家长成功地实施家庭干预。在向家长介绍干预措施时，治疗师应确保不仅有口头介绍，而且有文字形式（提供详细说明干预措施的讲义，或者让家长记笔记），并与家长一起练习。这有助于确保干预措施在家庭环境中的准确实施。

有时，家长可能会发现，相比治疗师在治疗室与儿童一起工作，让孩子参与家庭游戏干预更具有挑战性。这是从家长会谈中获得的重要反馈，需要与家长讨论寻找实施策略以帮助家庭干预达到同步效果。治疗师也要向儿童提出这个问题，并且更加正式地向儿童说明，他/她将在家中与父母一起参与游戏，当参加下一次会谈时，他/她需要带自己制作的材料并讨论他/她在家里和父母一起做的事情。家长在家中可能也难以提供完成各种游戏干预所需的材料。如果家长对于提供所需材料表现出困难，那么治疗师应该多采用那些需要很少材料，甚至不需要材料的干预措施，或者协助家长想办法去获取所需要的材料。

罗伯特自闭症游戏治疗师会反复提出的一个共同问题是，当家长不参与干预时应该怎么办。由于各种各样的原因，治疗师可能会遇到不能参与家庭干预的家长。家长无法参与的理由不一而足：家长可能过于忙碌；家长可能决心很大，但过着非常紧张忙碌的生活，并且在制订干预计划时感到困难；家长可能觉得在家里实施干预不切实际；家长可能认为干预措施无济于事，或者还有五花八门的其他原因。

如果可能，治疗师应该努力去发现造成家长参与不足的原因，并尝试解决问题。如果一切努力均告失败，家长还是缺乏参与，治疗师应该继续与儿童一起工作，并争取达到尽可能大的效果。治疗师可以尝试让其他专业人员（如实习生）加入与儿童一起工作，或者尝试每周与儿童多进行几次会谈。家长参与是完整实施罗伯特自闭症游戏治疗的关键因素，然而，出于多种原因，可能会出现没有家长参与的情况，但是儿童仍然应该获得治疗，哪怕这意味着将他们推荐给其他类型的治疗机构，以便更好地满足他们的需求。

家长参与不足的应对方法

1. 治疗师给予共情、鼓励和支持。尊重家长，视其为共同改变儿童的同盟。
2. 处理家长缺乏参与的问题，评估造成其参与不足的原因，聆听家长的问题和担忧，集思广益，与家长一起联手解决导致其参与不足的问题。
3. 向家长传授关于自闭症的知识，让他们知道最佳的治疗方法一定要有家长的参与。
4. 培训家长，让他们了解获得赋能、掌握终身可用的工具与孩子工作和帮助孩子的重要性。
5. 与家长讨论，如果没有家长参与，罗伯特自闭症游戏治疗达到目标的进程会大大减缓。
6. 与家长讨论其他家庭成员在家中与儿童一起工作、参与治疗的可能性。

自闭症谱系障碍或其他发育障碍患儿的父母会经常发现，在生活中，自己很少或几乎没有喘息的时间，也没有机会进行必需的自我照顾，他们亦需要高度的关注和关心。一些研究表明，自闭症儿童的父母的压力和焦虑水平，可能相当于患有创伤后应激障碍的人的水平。在家长培训期间，需要和家长一起讨论自我照顾的概念。有些家长可能已经了解自我照顾的益处和必要性，并且在他们的生活中定期进行自我照顾。而另一些家长（不幸的是有很多）可能尚不了解自我照顾的概念，不知道如何在生活中进行自我照顾。《罗氏游戏治疗父母自我照顾检查表》可以为家长找到自我照顾的资源和办法。治疗师应该在某种情况下与家长一起解决他们的自我照顾问题，并确定他们目前是否有渠道获得自我照顾的资源和办法，如果没有，则需要与他们一起寻找资源和制订自我照顾策略。

"跟随我"方法
（适用于功能和技能受损较严重的儿童）

指导性游戏治疗技术是罗伯特自闭症游戏治疗过程的核心。在大多数指导性游戏治疗技术中，游戏可以根据儿童的年龄和功能水平，调整得更加简单或比较复杂，而简繁由人的调整并不会影响技术的质量以及协助儿童和青少年提高技能水平的有效性。关键是要尽早启动提高儿童的功能和技能水平的治疗，并向前推进。

自闭症儿童和青少年在功能和技能图谱上，可以根据严重受损到轻微受损的程度标注出对应位置。功能受损严重或技能水平较低的儿童和青少年，即使面对经过简化的游戏，也可能难以适应和参与指导性游戏技术。对于这些儿童，采用"跟随我"方法最合适不过了。

"跟随我"方法适用于因功能水平出现问题而导致很难集中精神和参与指导性游戏技术的儿童。在摄入和评估阶段，通过观察与评估，治疗师就会知晓儿童是否处于需要使用"跟随我"方法的水平。如果确实需要，那么"跟随我"方法将成为干预治疗所采用的主要技术，在一次次会谈中逐步加以实施，直到可以实施更具指导性的游戏干预。家长要学习如何在家中实施"跟随我"方法，同时，在"跟随我"方法的实施期间，治疗师将持续不断地朝着实施更多指导性技术的方向前进。

什么是"跟随我"方法

"跟随我"方法的重点是针对关系发展、技能发展，以及帮助不能集中注意力和完成指导性任务的儿童发展到可以充分参与治疗师和家长带领的指导性游戏活动。

治疗师和儿童进入一间典型的游戏治疗室，治疗师不向儿童发出任何指令，只是跟随儿童的带领，与儿童一起在房间里移动，尝试参与他/她所做的任何活动。治疗师让儿童带领，但是要跟随着他/她一起玩游戏。当儿童转移地方时，治疗师也跟着转移。治疗师不断通过目光接触、言语表达以及任何其他属于治疗目标的技能，寻找机会与儿童建立联结。当儿童从一个玩具或游戏转换到另一个时，治疗师跟随着一起转换。

在整个会谈期间，治疗师使用反馈和追踪陈述，并注意儿童的舒适程度。在"跟随我"方法中，重要的不仅是与儿童分享物理空间，还要与他分享注意力、情绪和对孩子的理解。起初，患有自闭症谱系障碍的儿童可能会觉得"跟随我"方法令他/她感觉不自在，总觉得有人试图与他/她建立联结或侵入他/她的游戏。如果儿童因为治疗师尝试参与他/她的活动而开始变得焦虑不安或者表现失调，那么治疗师应该停止尝试参与，而只是待在儿童身旁，给予反馈和追踪陈述。一旦儿童感到舒适了，治疗师可以开始加入儿童的活动。一次使用"跟随我"方法的典型会谈通常持续大约25分钟，剩余的时间应该用于家长会谈。

当家长在学习"跟随我"方法时，他们在会谈中观察治疗师引导孩子练习"跟随我"方法将会很有帮助。家长应该观察治疗师运用"跟随我"方法与孩子进行会谈的过程。当家长在家中实施"跟随我"方法时，他们根据指示尝试进行游戏的时间为每天大约25分钟。这只是一种理想的情况，家长和治疗师应该灵活掌握家庭实施该方法的时间和次数。在决定游戏的次数和时间时，应该考虑孩子的参与能力。在进行家长会谈的时候，治疗师将与他们一同回顾"跟随我"方法在家里的进展情况，并解决家长可能遇到的任何问题或疑虑。

在与儿童进行会谈时，治疗师将实施"跟随我"方法，并不停地寻找机会引入更多的指导性游戏治疗技术。在游戏的过程中要不断地进行试探，看儿童何时能够参与一些指导性游戏治疗技术。如果儿童反应良好，那么治疗师将进一步引入更具指导性的技术。如果儿童反应不好，治疗师将继续采用"跟随我"方法，并一直寻找机会引入更多的指导性游戏治疗技术。

治疗师应该持续注意儿童功能水平的改善，直至儿童能够参与更具指导性的游戏治疗技术。儿童不应无限期地停留在"跟随我"方法中。"跟随我"方法只是让儿童参与更具指导性的游戏治疗技术的敲门砖。需要特别注意的是，通常，如果儿童的功能处在需要实施"跟随我"方法的发展水平时，那么除了采用罗伯特自闭症游戏治疗，儿童很可能还同时需要其他治疗，可能包括职业治疗、言语治疗和应用行为分析干预。

"跟随我"方法的实施

当儿童的发展和功能水平使他/她尚无能力参与任何指导性活动时，"跟随我"方法就是首选的技术。治疗师先将儿童带到游戏室，向儿童解释："这是一间游戏室，你可以在这里随便玩，我会和你在一起。"此时不用制订任何规则和设限。

允许儿童在游戏室里到处闲逛、玩耍和关注他/她喜欢的东西，也允许他/她逐个换着玩中意的玩具。会谈时由儿童引导，治疗师跟随其后并尝试参与和加入孩子正在进行的活动。当儿童在玩耍时，治疗师应时不时做出下列举动。

1. 追踪和反馈陈述。
2. 提问。
3. 尝试加入儿童的游戏或活动。

4. 寻找机会促进技能发展，特别是互动技能，如目光交流、互动游戏、接纳治疗师以及提问和回答问题。
5. 寻找机会让儿童参与由治疗师引导的指导性游戏或活动。
6. 通过追踪和反馈陈述发展与儿童的关系，保持专注当下，并且设限。

应该间歇性地进行追踪和反馈陈述，让儿童意识到治疗师的存在，并促进更好的关系发展。追踪陈述是针对儿童的行为进行简单的描述。下面是一些追踪陈述的例子，"你刚才做了沙盘游戏，现在你在玩洋娃娃"，或者"你在很用力地锤东西"。治疗师做出反馈陈述，是指治疗师表达来自儿童的感觉。一些反馈陈述的例子有"吹泡泡让你感到快乐"，或者"你不喜欢我移动汽车"。

治疗师应经常向儿童提问题，问题可以涉及任何事物。例如"你家里有兄弟吗？""你喜欢玩积木吗？"或者"那是什么颜色？"儿童对许多问题很可能不予回答。许多儿童甚至好像没有听到治疗师提出的问题。治疗师提问的目的，是要发现儿童从什么时候开始回答问题、回答得是否正确以及回答问题的频率。当儿童开始经常和完整地回答问题时，表明儿童正在接纳治疗师，并且正朝着能够参与更具指导性的游戏的方向发展。

在整个"跟随我"会谈期间，治疗师都要尝试参与儿童的一切活动。请记住，要让儿童主导并随心所欲地选择游戏，但是治疗师要跟随儿童，并尝试参与儿童的游戏，在一次会谈中应该做出几次参与尝试。如果儿童给予响应并接纳治疗师，治疗师应该继续进行当前的游戏，直到儿童不再感兴趣为止。如果儿童开始对治疗师的参与尝试表现出被激怒或失调，那么治疗师就应该停止尝试参与并离开儿童身边，只需做一些追踪和反馈陈述，时间大约5分钟，之后再回来尝试参与儿童的游戏。

治疗师应该对儿童的舒适程度保持敏感。如果儿童对治疗师的尝试参与表现出不安，那么一些会谈内容只能以追踪和反馈陈述为主。治疗师尝试吸引和参与儿童游戏的程度，不可以达到让儿童彻底失调并且崩溃的地步。以下是参与儿童游戏的一些例子。

1. 儿童开始玩游戏餐具，治疗师坐在儿童身边，拿起一只碗，把它放在自己头上，然后对儿童说："瞧瞧我的玩具帽，好玩吗？"治疗师试着吸引儿童，让儿童看着他，并注意他头上的碗。治疗师也可以拿一只碗或盘子放在儿童的头上，说："看，你的头上有只盘子。"治疗师还可以让儿童把一只碗或盘子放在治疗师的头上，看看儿童是否可以你来我往地进行这项活动。

2. 儿童开始玩沙盘，把沙子倒进一只桶里。治疗师挪到儿童身边，也开始把沙子倒入同一只桶。然后，治疗师可以尝试将沙子倒在儿童的手臂或手上，甚至将儿童的手埋进沙子里。另一种做法是试着让儿童将沙子倒入治疗师的手中。

3. 儿童开始在地板上滚动几辆小汽车。治疗师坐在他旁边，开始和儿童一起开车。儿童从治疗师手中抓回汽车并将治疗师推开，这表明儿童可能对治疗师的做法感觉不舒服，或者变得失调。这时，治疗师应离开儿童并从旁边观察，时不时做出追踪和反馈陈述，大约 5 分钟之后尝试再次参与儿童的游戏。

治疗师始终要时刻注意发现儿童取得的进步和掌握的技能。在开始使用"跟随我"方法之前，治疗师应该与家长一起确定，采用"跟随我"方法是想要培养哪些最基本的互动和接纳技巧。比如常见的目光接触，回答问题，语言表达，主动邀请治疗师，参与治疗师的游戏活动，表现出共同注意，向治疗师提问题，等等。治疗师应该注意这些情况：之前确定的目标技能出现了，并且似乎出现得越来越频繁，说明儿童和治疗师一起掌握了这项技能。这些技能的掌握是另一种迹象，表明儿童正朝着能够参与更具指导性的活动的方向发展。

"跟随我"方法的最终目标是帮助儿童达到一定的功能水平，使他/她能够跟着治疗师参与更注重于提高技能的指导性活动。治疗师应该定期主动邀请儿童，看看他/她是否会参加更具指导性的游戏或活动。当儿童开始和治疗师一起参与，治疗师便可以着手推进游戏或活动并提高儿童的参与程度。

治疗师实施"跟随我"方法的指南

治疗师应该做到以下方面。

跟随儿童：由儿童带领，治疗师象征性地一步步跟随儿童，允许儿童在游戏室中移动，随心所欲地玩耍。治疗师与儿童一起移动，坐在儿童身边，并随着儿童转换游戏。

给予追踪陈述：治疗师时不时对儿童正在做的事情使用追踪陈述，例如，"你正在玩沙盘""你刚才开了一枪"，或者"你正在房间里四处走动把玩具看了个遍"。

给予反馈陈述：当治疗师注意到儿童表现出某种情绪时，就会使用反馈陈述，例如，"它让你非常生气"，或者"颜料没有了，你感到很伤心"。

提问：治疗师应该间歇性地向儿童提问，尝试问一些与游戏有关的问题，例如，如果儿童拿起一只篮球，治疗师可以问："你家里有篮球吗？"

尝试吸引儿童：治疗师应该频繁试探吸引儿童玩耍，或者加入儿童一起玩他/她的游戏。比如，如果儿童正在玩沙盘，治疗师可以试着舀起一瓢沙子，倒在儿童手上，或舀起沙子倒入儿童试图填充的桶中。再比如，如果儿童正在玩球，治疗师可以拿起一只球向儿童滚过去或抛掷过去。

介入简单的指导性游戏：治疗师应该定期引入一个简单的指导性游戏或活动，看看儿童是否会参与治疗师的游戏。这有点像"投石问路"，用来评估儿童是否在参与更多指导性游戏方面取得进步。

监测失调：治疗师应该敏锐觉察儿童的舒适程度，特别是在想要加入他的游戏的时候。如果治疗师注意到，由于治疗师试图参与，儿童感到不适或失调，治疗师则应该停止参与尝试并远离一段时间，然后再试探。

牢记目标：治疗师正在处理的是关系的发展，力图提高有治疗师在场时儿童的舒适感。治疗师是在寻找方法来建立联结，期望找到儿童回应治疗师或与之建立联结的迹象。这可能要通过言语交流、一起玩耍或者进行目光接触来实现，而治疗师切勿试图强行参与和建立联结。如果儿童表现出他们不感兴趣，那么治疗师应该暂时只做一些追踪陈述，稍后再次尝试参与。治疗师最终要寻找一些迹象，表明儿童已准备好了参与更具指导性的游戏。

从"跟随我"到联结游戏，再到指导性技术

当"跟随我"游戏开始能引导儿童和治疗师随意地参与更具指导性的游戏时，治疗师就应该将治疗过程转变成被称为"联结游戏（connecting sets）"的技术。联结游戏是"跟随我"方法和指导性技术之间自然过渡的下一步，或称为中间步骤。联结游戏专注于技能提升，包括一组可由治疗师和儿童共同完成的短小简洁、妙趣横生、引人入胜的游戏。每个游戏都需要简单的指导以及治疗师的共同参与。

联结游戏应包括几个持续 15~20 分钟的游戏/活动。活动应简短并具有联结元素。如果儿童很少或没有响应，游戏开始时可能会进展很慢。治疗师应继续开展游戏，并努力让儿童逐渐增加参与游戏的程度。治疗师应该准备几个联结游戏以供选择并介绍给儿童，因为儿童可能会对某些游戏响应积极，而对另一些游戏不感兴趣。治疗师和儿童玩一项游戏也许仅用 30 秒，而另一项游戏可能需要 5 分钟，时间有长有短，均取决于儿童的兴趣。在开始引入联结游戏时，游戏时间可能达不到 15~20 分钟。儿童开始参与游戏时也许只能玩 5 分钟，治疗师可以努力让儿童玩联结游戏的时间增加到 15~20 分钟。

这里有一个联结游戏的例子，它让治疗师确认儿童是否已准备好参与更具指导性的游戏。治疗师引入一组联结游戏——抛气球。治疗师向儿童抛出气球，然后两人来回拍气球。在第 1 次会谈中，治疗师将气球抛给儿童之后，儿童只把气球往回拍一次，便放弃游戏自己去一边玩了。第 2 次会谈，治疗师再次尝试抛气球游戏，这一次，儿童将气球拍回来 3 次。到第 4 次会谈时，儿童将气球拍回 10 次才失去兴趣。在第 4 次会谈抛气球游戏结束之后，治疗师立即引入第二组联结游戏——吹泡泡和点泡泡。儿童和治疗师一起吹泡泡，然后将泡泡点破，坚持了大约 5 分钟。在引入联结游戏后的第 7 次会谈时，儿童与

治疗师一起玩了大约 15 分钟的联结游戏。

联结游戏不一定是指定的治疗游戏。在引入联结游戏时，有很多种游戏可供治疗师选择。主要目标是让儿童与治疗师或父母一起做一组简单的游戏，这就要求儿童在一定程度上能够听从指令、调节适应和认可他人。这类游戏包括来回拍打气球、乳液游戏、拇指大战[1]、拍手游戏（如帕蒂蛋糕）、喂食游戏、来回投球、滚球和踢球、捉迷藏、警察抓小偷、镜像游戏、吹泡泡游戏、捏橡皮泥游戏、运动游戏（如丢手绢）和手影游戏。

"跟随我"方法是一种入门方法，其目标是引入更多的指导性干预。在整个"跟随我"会谈中，治疗师始终要"明察"转接更多指导性干预措施的可能性。适应更多指导性游戏会是一个循序渐进的过程，当儿童能够回应治疗师，参与简单的游戏活动（联结游戏）之后，才能接受更多与技能发展相关的各种针对性的治疗干预。一旦儿童参与联结游戏的时间能够经常达到 15~20 分钟时，治疗师就可以开始实施更多针对特定技能发展的指导性干预。

向家长传授"跟随我"方法

家长应该学习如何引导和实施"跟随我"方法，在两次会谈之间在家中与孩子开展游戏。建议让家长观看 2~3 次治疗师对孩子使用"跟随我"方法的会谈，确保家长在家进行"跟随我"游戏之前理解如何正确操作。治疗师先与孩子进行 20~25 分钟的"跟随我"游戏（父母旁观），将剩余的会谈时间用来进行家长培训，回顾"跟随我"游戏过程，并解答家长的问题。

治疗师向家长传授在家中与孩子一起实施"跟随我"游戏的方法，讲解"跟随我"方法的核心特征，包括由孩子带领、提供追踪和反馈陈述、提问以及尝试吸引孩子参与。治疗师还将指导家长在家庭环境中开展游戏。家长应该选定在家中哪个区域来进行"跟随我"游戏，最好不要在孩子的游戏室或卧室

---

[1] 拇指大战是一种两人游戏，双方伸出一只手，掌心相贴，四指相扣，用拇指把对方的拇指摁在下方，并数完 1、2、3 即胜利。——译者注

里。父母还应该收集一些玩具专门用于"跟随我"游戏，玩具要用箱子收纳并放好，到游戏时才拿出来。许多自闭症谱系障碍患儿对其玩具和房间具有领地意识，在他们玩玩具或者待在自己房间时，并不欢迎父母尝试加入，也不会主动参与父母的游戏。自闭症儿童往往对他们的物件和他们认为属于自己的空间拥有强烈的"所有权"意识。

许多家长发现，在家中另外划一块地方进行"跟随我"游戏，以及保留仅用于"跟随我"游戏的玩具，效果非常好。但是，假如孩子喜欢在自己的房间里、用自己的玩具进行"跟随我"游戏，这是完全可以接受的。还有一些家长发现，"跟随我"游戏会在整所房子的范围内进行，孩子喜欢从一个房间转移到另一个房间，而父母则跟着孩子转移。只要父母能够抓住"跟随我"方法的核心特征，任何地点和形式的变化都不是问题。附录提供了一份玩具和其他材料目录以便家长准备玩具时参照使用，目录可以复制并提供给家长。治疗师应向家长解释他们不一定要收集目录上的所有玩具。该目录只是一个指导，家长可以选择那些他们认为对孩子最具吸引力的玩具。

向家长传授"跟随我"方法的注意事项

1. 家庭环境与办公室环境相比可能会带来更大的挑战。做好准备解答家长的问题，帮助家长找到化解家庭环境矛盾的方法，从而在家中成功实施"跟随我"游戏技术。家庭游戏看起来可能不像治疗室会谈那样结构性强或进展流畅，但依然可以卓有成效。

2. 让家长知道家庭游戏不一定要达到百分之百的效果，这一点非常重要。家长需要一些时间和实践去理解实施这套方法的奥秘，从而对其充满信心。家长可能无法每天都开展"跟随我"游戏，应该鼓励家长尽其所能，提高游戏的次数。

3. 家庭环境下的"跟随我"游戏时间的长度可以灵活调整。对于一些儿童来说，游戏时间可能从每天 10 分钟开始，目标是能够达到 25 分钟。有些家长发现他们可以一天进行好几次 5~10 分钟的"跟随我"游戏，只要家长抓住"跟随我"方法的核心特征，时长的变化同样是可以接受的。

4. 父母双方可以同时参与"跟随我"游戏，但是建议父母分别与孩子开展"跟随我"游戏。因为，面对多个人尝试参与他/她的游戏，甚至房间里有多人围观并进行跟踪陈述，自闭症谱系障碍患儿极易感到不知所措。父母分别与孩子进行游戏对父母也有好处，因为父母中的一方不会因为每一天都需要实施游戏而感到不堪重负。

5. 其他家庭成员也可以参与实施"跟随我"游戏。治疗师最好与能够参与孩子游戏的家人见面，确保他们了解如何实施这套方法。让其他家庭成员参与游戏的意义非同小可。首先，它为家长提供了支持。自闭症孩子的父母通常有太多的事情要做，让其他家庭成员分担一些任务对父母来说是雪中送炭。其次，它有助于提高孩子的联结和关系技能。可以与多人，而不仅仅是与一个人合作，孩子会受益匪浅。

6. 许多家长发现，当他们开始进行"跟随我"游戏时，他们逐渐转变了与孩子朝夕相处和互动的方式。这会变成一种常态，因为父母找到了一种与孩子互动和理解孩子的新途径，而且发现他们与孩子的关系发展得到了提高。

7. 附录提供了一份家长指南，这是关于在家庭游戏时间里开展游戏的简要提示，应该将指南提供给家长。

"跟随我"方法的设限

在"跟随我"会谈期间，应该保持最低限度的设限。无论是治疗师在游戏室中，还是家长在家庭环境中，有时候会需要设限。当儿童和其他人陷入险境，或者在儿童会损坏财物的情况下，应该及时进行设限。如果发生以上任何一种情况，则应遵循三 R 设限模式。三 R 设限模式代表着重新定向、替换和移走。（附录提供了一份给治疗师和家长的指南。）

重新定向（Redirection）：如果儿童开始或者正在破坏限制，治疗师和家长应该马上采取重新定向措施。治疗师和家长直接将儿童重新引导到另一项活动、玩具或物品上，以便转移他们的注意力，避免破坏限制。我们不需要过多地讨论限制被破坏或者孩子需要停下来。治疗师意识到限制已经被破坏，转而观察重新定向是否有效。

替换（Replacement）：如果儿童开始或正在越界，那么治疗师和家长可以立即对儿童采取重新定向措施，也可以采取替换措施。这两种措施可以互换使用。替换的字面意思是用新的或不同的事情取代正在发生的事情。例如，如果儿童想把一辆玩具卡车摔到地板上，会把卡车摔坏，此时，治疗师或家长可以迅速拿起另一件物品，如橡皮球，将其塞到孩子空闲的手中，同时将玩具卡车从孩子手上拿走。替换也可以是用另一项游戏取代当前与孩子一起玩的游戏。如果重新定向是一种转移和分散儿童注意力的行为，那么替换就是给儿童一个他可以接受的、实实在在的替代品。和重新定向一样，在使用替换策略时，不需要就关于破坏限制的话题进行讨论。

转移（Removal）：如果儿童开始或正在破坏限制，应首先采取重新定向和替换方法。假如这两种办法均无效，那么转移是最终的选择。转移的第一步是向儿童口头说明他们需要停止一项行为，否则他们可能被带离这个房间。如果口头提示不能阻止该行为，则使用转移办法。转移就是将儿童带到另一个地方，可能是他/她可以独处或者在平静时不需要太多看管的地方。在极端情况下，转移也许是将儿童带到一个更安全的地方。如果需要将儿童带走，父母应该是把孩子带走的人。这是在最严重情况下的处理方式，当孩子的行为导致自己或其他人身处险境时，就需要采取转移措施以保证每个人的安全。

第四章 | 研究发现和实例探究

研究发现

根据 Parker 和 O'Brien（2011）的观察，多年来的文献中记载了大量的案例研究，人们注意到采用游戏治疗进行干预导致来访者的行为发生了改变。可以用游戏治疗处理的各种问题包括学习障碍、语言困难、焦虑问题、儿童虐待、心理创伤、家庭问题和自闭症。

专业人士就儿童和青少年参与罗伯特自闭症游戏治疗开展了多项个案研究，实施治疗之前进行了预评估，在三个目标领域——情绪调节能力、社交技能发展和联结（关系发展）方面设定治疗目标，结果表明，患者接受每周一次、持续 6 个月的干预治疗之后，在所有三个目标领域均显示技能获得提升。家长评分也支持这个结果，即儿童和青少年每周一次参加罗伯特自闭症游戏治疗，6 个月之后，其情绪调节能力、社交技能以及关系联结能力的评分均得到提高。家长还报告，在抚育孩子方面他们感觉知识更加丰富、能力得到增强，由孩子的自闭症问题带来的压力在减少。

虽然个案研究项目仍在继续进行，并且继续证实着自闭症患儿的进步，但是，如果有更多的对照研究，对罗伯特自闭症游戏治疗来说是意义非凡的。我们需要与各位治疗师展开进一步研究，对罗伯特自闭症游戏治疗进行科学的验证，证明罗伯特自闭症游戏治疗是针对自闭症和其他发育障碍的儿童和青少年患者的一种循证治疗方法。值得注意的是，大量的研究显示，罗伯特自闭症游戏治疗在干预儿童和青少年自闭症和其他发育障碍方面以技法丰富多彩、疗效显著而取胜，影响力在不断增加。

美国自闭症谱系障碍国家职业发展中心（National Professional Development Center，NPDC）和美国国家标准项目（National Standards Project，NSP）回顾了大量的文献，以期为从出生至 22 岁的自闭症谱系障碍患者建立循证治疗方法。两个机构都回顾了 2007 年以前（含 2007 年）的文献，采用了非常严格的标准来确定哪些研究成果可以作为特定疗法的功效证明。2014 年，美国自闭症谱系障碍国家职业发展中心扩大了文献回顾的范围，总结出 27 项循证实践疗法。

罗伯特自闭症游戏治疗综合了一些被认可为循证实践的方法，用于治疗罹患自闭症谱系障碍的儿童和青少年。融入罗伯特自闭症游戏治疗过程的若干循证实践疗法包括认知行为干预、示范、自然情景干预、家长实施的干预、提示、强化、脚本法、自我管理、社会化叙事、社交技能训练和视觉支持。罗伯特自闭症游戏治疗融合了几种循证实践，它和其他各种基于游戏的治疗方法和游戏治疗方法，已经被证明是治疗自闭症谱系障碍和其他发育障碍的一种日趋成熟、前景光明的治疗方法。随着进一步的研究，通过更多随机的对照研究，罗伯特自闭症游戏治疗有望继续得到验证。

实例探究

迄今为止，针对使用罗伯特自闭症游戏治疗方法对患有自闭症谱系障碍、其他神经发育障碍和发育性残疾的儿童和青少年进行治疗，已经进行了多项案例研究并记录了临床治疗结果。每项案例研究和临床结果报告都表明罗伯特自闭症游戏治疗在核心领域对目标技能缺陷均实现了显著改善。本书简要介绍了其中的四个案例研究。

布莱恩

背景资料

布莱恩是一名8岁男孩，由于被诊断为自闭症而开始接受罗伯特自闭症游戏治疗。布莱恩被诊断为低功能自闭症，会话技能有限。布莱恩平常一句话也不说。一旦进行语言表达，他大多是重复别人的话语，唱他听过的一首歌，或者自言自语。之前使用《韦氏非言语能力量表》（Wechsler Nonverbal Scale of Ability）对布莱恩进行心理评估，他的智商全量表的得分为63分。

在实施治疗之前，布莱恩的母亲在罗伯特自闭症游戏治疗摄入评估阶段填写了《自闭症治疗评估检查表》和《罗氏游戏治疗社交技能评估表》，以进一步确定布莱恩的技能水平和缺陷。治疗师使用几份罗伯特自闭症游戏治疗观察表实施了规范的儿童观察和亲子观察程序。通过家长填写的评估表和治疗师的观察，确定罗伯特自闭症游戏治疗的"跟随我"方法是最适合布莱恩和他母亲开始治疗时使用的干预措施。选择"跟随我"方法主要是由于布莱恩的低功能水平以及注意力不集中和口头表达能力不足。治疗目标确定为解决上述技能缺陷（见表 4.1）。

表 4.1　罗伯特自闭症游戏治疗实施前的家长评分（布莱恩）

自闭症治疗评估检查表	罗氏游戏治疗社交技能评估表
• 会问有意义的问题 = 与事实不符	• 与他人进行目光接触 =1
• 更喜欢独处 = 描述非常准确	• 与他人玩耍 =1
• 避免与他人目光接触 = 描述非常准确	• 与他人分享 =1
• 能够恰当地玩玩具 = 描述不准确	• 向他人介绍自己 =1
	1~5 级（1= 未发展，5= 已发展）

方法实施

第 1~3 次会谈主要是摄入和评估，以便制订治疗目标。第 4 次会谈是第一次"跟随我"会谈。治疗师在游戏室与布莱恩见面并进行了 25 分钟的"跟随我"会谈，布莱恩的母亲在另一个房间通过屏幕观察了会谈过程。剩下的会谈时间用于和布莱恩的母亲跟进"跟随我"方法，教她如何在家里对布莱恩使用"跟随我"方法。第 5~7 次会谈采用与第 4 次相同的形式，即治疗师先进行了 25 分钟的"跟随我"会谈，然后使用剩余的会谈时间向布莱恩的母亲传授如何在家中开展"跟随我"游戏。第 8 次会谈，治疗师继续与布莱恩进行 25 分钟的"跟随我"会谈，并用余下时间与布莱恩的母亲进行讨论。此时，布莱恩和他的母亲已经开始在家里玩"跟随我"游戏。布莱恩的母亲汇报说，他们在家里开展了 5 次"跟随我"游戏，在布莱恩开始变得躁动不安之前，她能够与他实施这种干预大约 10 分钟。

到第 9 次会谈时，布莱恩在会谈中与治疗师的互动有所增加。布莱恩开始进行目光接触、提问题、回答治疗师大约 40% 的问题，并短暂地与治疗师一起玩游戏。布莱恩的母亲报告在家里的游戏中布莱恩表现出同样的进步。第 10~15 次会谈也按照这种模式进行，在此期间，无论是在会谈中与治疗师在一起，还是在家中与母亲在一起，布莱恩在上述领域的能力都显现出了更大的进步。在第 16 次会谈中，治疗师开始教布莱恩的母亲如何实施简短的指导性联结游戏，以帮助布莱恩接受更具指导性的干预措施。布莱恩的母亲按照指示开始和布莱恩来回拍打气球，并将一个棉球藏在自己身上让布莱恩来找。在第 17 次会谈时，布莱恩的母亲报告说，布莱恩最初将气球向她拍了一次，然后就走开了。到他们参加会谈时，布莱恩跟她来回拍打气球平均达到了 7 次。她进一步报告说，布莱恩对于寻找棉球游戏开始得比较缓慢，但是由于他们每次都坚持玩这个游戏，布莱恩已经能够参与 5~7 分钟，然后才会失去兴趣。

在第 18~23 次会谈期间，布莱恩的母亲持续与布莱恩玩联结游戏，使他继续在游戏合作中取得进步。治疗师在治疗会谈中也引入了相同的联结游戏，布莱恩在参与治疗师的游戏时同样表现出进步。布莱恩和他的母亲参加了为期 6 个月的 23 次会谈，结束时进行了评估，以衡量治疗目标是否实现。

干预结果

6 个月结束时，布莱恩和他的母亲与治疗师一起进行了 23 次会谈。布莱恩的母亲在家里开展了约 15 周的"跟随我"游戏，每周 4~5 次，每次持续 10~30 分钟。在第 23 次会谈时进行了评估，布莱恩的母亲再次填写了她在治疗的摄入和评估阶段曾经填过的评估表，即《自闭症治疗评估检查表》和《罗氏游戏治疗社交技能评估表》。评估表明，最初设定的技能改善治疗目标的每一项技能水平都获得提升。治疗师也注意到治疗目标得以实现，并重新进行了儿童观察和亲子观察评估。治疗目标技能的进步见表 4.2。

经过 6 个月的罗伯特自闭症游戏治疗干预后，布莱恩最初的靶向技能缺陷均表现出极大的改善。治疗师明显关注到整个 6 个月治疗期间的技能提升。不仅家长评分显示出每个目标技能水平显著提高，布莱恩的母亲也表示了对治疗效果的高度满意,并称她感觉与儿子的联结关系有了很大发展,她说:"平生第一次,我体验到了和孩子一起玩互动游戏的乐趣。"

表 4.2 罗伯特自闭症游戏治疗 6 个月后的家长评分(布莱恩)

自闭症治疗评估检查表	罗氏游戏治疗社交技能评估表
• 会问有意义的问题 = 较符合事实	• 与他人进行目光接触 =4
• 更喜欢独处 = 描述较准确	• 与他人玩耍 =3
• 避免与他人目光接触 = 描述不准确	• 与他人分享 =3
• 能够恰当地玩玩具 = 描述非常准确	• 向他人介绍自己 =3
	1~5 级(1= 未发展,5= 已发展)

伊森

背景资料

伊森是一个 7 岁男孩,因为被诊断为自闭症、注意缺陷/多动障碍和唐氏综合征而开始接受罗伯特自闭症游戏治疗。伊森被诊断为低至中等功能的自闭症。伊森口头表达能力尚可,语言发展似乎很充分,但是会经常出现仿说行为。使用《韦氏儿童智力量表》对伊森进行心理评估,他的智商全量表的得分为 56 分。在评估时治疗师注意到,伊森对测试的参与有限,从而影响了评估结果,这可能是自闭症和注意力无法集中导致的,他的智商可能高于分数显示的水平。

在罗伯特自闭症游戏治疗的评估阶段,伊森的父亲填写了《自闭症治疗评估检查表》《罗氏游戏治疗社交技能评估表》和《罗氏游戏治疗情绪调节评估表》,以进一步确定伊森的技能和缺陷。治疗师使用罗伯特自闭症游戏治疗观察表进行了规范的儿童观察和亲子观察。根据家长填写的评估表和治疗师的观察,伊森和他的父亲可以开始正式进行罗伯特自闭症游戏治疗,并制订了治疗目标以解决已确认的技能缺陷(见表 4.3)。

表 4.3　罗伯特自闭症游戏治疗实施前的家长评分（伊森）

自闭症治疗评估检查表	罗氏游戏治疗社交技能评估表	罗氏游戏治疗情绪调节评估表
• 能够解释他/她想要的东西＝与事实不符 • 提出有意义的问题＝与事实不符 • 没有目光接触＝描述非常准确	• 与他人进行目光接触＝1 • 处理愤怒/沮丧＝1 • 提出请求＝1 1~5 级（1＝未发展，5＝已发展）	• 孩子可以区分至少 10 种情绪＝1 • 孩子可以说出他/她感到沮丧＝1 1~5 级（1＝未发展，5＝已发展）

方法实施

第 1~3 次会谈侧重摄入和评估程序，以制订治疗目标。在指导性游戏干预的实施过程中，伊森和他的父亲交替进行会谈。第 4 次是家长会谈。治疗师和伊森的父亲回顾了治疗目标，讨论第一次与伊森一起使用的干预方法，选择"我和我的情绪"干预方法（见第五章）来针对与情绪调节相关的目标进行治疗。治疗师向伊森的父亲解释了干预措施，并指导他于他们的下一次会谈之前在家中与伊森一起完成 4 次游戏干预。伊森的父亲遵嘱在治疗师与伊森进行会谈之前不要开始实施干预，因为需要让治疗师先行对伊森进行干预。第 5 次是治疗师与伊森的会谈。治疗师解释了"我和我的情绪"干预游戏，会谈中伊森与治疗师练习了这个游戏。伊森被告知在下一次会谈之前和他的父亲需要在家完成 4 次干预。在第 5 次会谈结束时，治疗师提醒伊森的父亲，要在家中与伊森一起完成 4 次"我和我的情绪"干预游戏，并在下一次会谈中汇报完成情况。

第 6 次是家长会谈。在本次会谈中，治疗师与伊森的父亲一起检查家庭作业。伊森和父亲在家实施了 4 次"我和我的情绪"游戏，看起来进展顺利。伊森的父亲报告说让伊森完成干预毫无问题，他觉得伊森对他的一些情绪能够理解得更好了。治疗师指示父亲在伊森来会谈之前，在家中与伊森再进行 3 次"我和我的情绪"干预游戏。治疗师和伊森的父亲也讨论了下一次会谈时将教给伊森的另一项干预方法——"情绪脸谱扇"（见第五章），该方法专门针对情绪调节和社交技能相关的目标。伊森的父亲学习了如何实施这项干预，并要在伊森的下一次会谈之后在家中开始实施。

第 7~20 次会谈采用和之前相同的形式，即治疗师针对治疗目标选择了几项指导性游戏干预方法，并且教伊森的父亲如何在家中逐项实施。家长会谈的重点是从伊森的父亲那里获得关于伊森的总体情况和家庭干预实施情况的反馈，而儿童会谈的主要内容是治疗师向伊森实施干预。非常有趣的是，到第 16 次会谈时，无论是在家中还是在会谈中，伊森的仿说行为完全消失了。虽然消除仿说并没有纳入直接的治疗目标，但是，在治疗伊森的根本问题时，它已然被治愈了。

在第 21 次会谈时，治疗师观察到伊森在治疗目标领域取得了长足的进步。他与伊森的父亲进行讨论，完成后面几次会谈之后，就原定的治疗目标对伊森再做一次评估。在第 24 次会谈中，伊森的父亲重新填写了关于伊森的评估表（即在治疗之初填写的相同表单）。在第 24 次和 25 次会谈上，治疗师使用罗伯特自闭症游戏治疗观察表更新了儿童观察和亲子观察的情况。

干预结果

第 6 个月末时，伊森和他父亲一共参加了 25 次会谈，伊森的父亲在家中实施了大约 20 周的指导性游戏干预，实施频率从每天 1 次到每周 3~4 次。在第 25 次会谈结束时对伊森进行了评估。伊森的父亲填写了他原先在摄入和评估阶段填过的表单：《自闭症治疗评估检查表》《罗氏游戏治疗社交技能评估表》和《罗氏游戏治疗情绪调节评估表》，结果均显示伊森在每一项以技能提高为治疗目标的靶向领域都有所改善。治疗师也看到了治疗目标中的技能改善，并重新进行了儿童观察和亲子观察评估（见表 4.4）。

经过 6 个月的罗伯特自闭症游戏治疗干预，伊森最初的每一项靶向技能缺陷均出现显著的改善，治疗师观察到了 6 个月的治疗带来的技能提升。不仅家长评分显示出伊森在每个目标技能领域的显著改善，伊森的父亲也报告了对治疗结果的高度满意，提到伊森的整体行为得到改善，问题行为减少，并且注意到伊森的言语和词汇量的增加。尽管原定治疗目标的达成令人满意，但在重新评估的时候，他们确立了新的治疗目标，伊森和他的父亲继续参与治疗。

表 4.4 罗伯特自闭症游戏治疗实施后的家长评分（伊森）

自闭症治疗评估检查表	罗氏游戏治疗社交技能评估表	罗氏游戏治疗情绪调节评估表
• 能够解释他/她想要的东西 = 较与事实相符 • 提出有意义的问题 = 与事实相符 • 没有目光接触 = 描述不准确	• 与他人进行目光接触 = 4 • 处理愤怒/沮丧 = 3 • 提出请求 = 5 1~5 级（1 = 未发展，5 = 已发展）	• 孩子可以区分至少 10 种情绪 = 5 • 孩子可以说出他/她感到沮丧 = 5 1~5 级（1 = 未发展，5 = 已发展）

伊娃

背景资料

伊娃是一名 9 岁的女孩，她来接受罗伯特自闭症游戏治疗是因为被诊断为阿斯伯格综合征、广场恐怖症和感觉统合失调。伊娃在自闭症谱系障碍方面被诊断为高功能自闭症。伊娃就诊时表现出很强的口语能力，似乎语言发展高于平均水平，但有着严重的感觉处理问题。使用《韦氏儿童智力量表》对伊娃进行心理评估，她的智商全量表的得分为 92 分。

在实施罗伯特自闭症游戏治疗之前的摄入和评估阶段，伊娃的父母填写了《自闭症治疗评估检查表》《罗氏游戏治疗社交技能评估表》和《罗氏游戏治疗情绪调节评估表》，以进一步确定伊娃的技能优势和缺陷。治疗师使用罗伯特自闭症游戏治疗观察表进行了规范的儿童观察和亲子观察。完成家长填写评估表和治疗师观察的程序后，确定伊娃及其父母可以正式开始罗伯特自闭症游戏治疗，并制订了治疗目标以解决已发现的技能缺陷（见表 4.5）。

表 4.5　罗伯特自闭症游戏治疗实施前的家长评分（伊娃）

自闭症治疗评估检查表	罗氏游戏治疗社交技能评估表	罗氏游戏治疗情绪调节评估表
• 难相处 / 不听话＝描述非常准确 • 躲避与他人接触＝描述非常准确 • 没有目光接触＝描述非常准确 • 爱发脾气＝描述非常准确 • 焦虑 / 恐惧＝问题严重	• 与他人进行目光接触＝1 • 处理愤怒 / 沮丧＝1 • 向他人做自我介绍＝1 1~5 级（1＝未发展，5＝已发展）	• 孩子理解焦虑情绪，焦虑时可以自我平静＝1 • 孩子可以说出他 / 她感到生气或焦虑＝1 1~5 级（1＝未发展，5＝已发展）

方法实施

第 1~3 次会谈主要是摄入和评估程序，目的是制订治疗目标。伊娃和她父母交替与治疗师进行会谈。这一周，伊娃的父母出席与治疗师的会谈，下一周轮到伊娃参加会谈。第 4 次是家长会谈，治疗师和伊娃的父母回顾了治疗目标，并选择了"情绪脸谱扇"（见第五章）作为第一项干预措施，用来帮助改善伊娃的技能缺陷。伊娃的父母学习如何实施"情绪脸谱扇"游戏，并根据指导在两次会谈之间在家中实施 5 次干预，但是要等到伊娃参与了下一次会谈之后才开始实施家庭干预。第 5 次是针对伊娃的会谈。治疗师解释了"情绪脸谱扇"干预方法，治疗师对伊娃在会谈中实施了干预。治疗师指导伊娃和她的父母在两次会谈之间在家中进行 5 次干预。在第 5 次会谈结束时，治疗师提醒伊娃的父母，他们现在可以开始在家中实施干预了，并在下一次会谈之前完成 5 次。

第 6 次是家长会谈，治疗师和伊娃的父母检查了"情绪脸谱扇"干预方法在家中实施的情况，伊娃的父母汇报说伊娃参与良好，他们一共完成了 5 次干预。他们表示，伊娃的表现明显超出这项干预措施的要求，甚至可以交谈她的一些负面情绪。治疗师与伊娃的父母讨论决定，下一次将采用"情绪侦探"的干预方法（见第五章）。治疗师把干预方法传授给伊娃的父母，但是再次告诉他们要等到伊娃参加了下一次会谈之后才开始实施。与此同时，治疗师指导父母在家中与伊娃再完成 4 次"情绪脸谱扇"干预措施。

第 7 次是针对伊娃的会谈，治疗师检查了伊娃对"情绪脸谱扇"干预过程的感受。伊娃说，她喜欢和父母一起玩干预游戏。治疗师与伊娃讨论他们将开展一项新的干预，叫作"情绪侦探"。治疗师把干预游戏教给伊娃，他们在会谈中进行练习。治疗师告诉伊娃，在下一次会谈之前，她将在父母的帮助下，在家中完成"情绪侦探"干预，然后她要填写"情绪侦探"表，并把它带到下一次会谈中。在第 7 次会谈结束时，治疗师提醒伊娃的父母，他们现在可以开始帮助伊娃在家中完成"情绪侦探"的干预了。

第 8~22 次会谈以与之前相同的形式进行。伊娃和她的父母轮流与治疗师进行会谈，每一次治疗师都会引入一项新的干预措施，并教给伊娃和她的父母在家里实施。干预措施是根据最初的靶向治疗目标来选择的。当伊娃在确定的治疗目标领域表现出进步时，治疗师会持续地给予表扬。家长会谈期间还对育儿策略、惩罚形式以及学校相关的问题（例如制订个性化教育计划和特殊教育法）进行了讨论。

在第 22 次会谈中，治疗师观察到，伊娃在她的治疗目标领域取得了巨大的进步。治疗师还与伊娃的父母讨论，在完成接下来的几次会谈之后，会对照最初的治疗目标对伊娃进行重新评估。在第 24 次会谈时，伊娃的父母重新填写了关于伊娃的评估表单（即他们在治疗开始时填写的表单），在第 24 次和第 25 次会谈中，治疗师用罗伯特自闭症游戏治疗观察表更新了儿童观察和亲子观察的情况。

干预结果

到第 6 个月末，伊娃和她的父母一共参加了 25 次会谈。伊娃的父母在家中实施了大约 20 周的指导性游戏干预措施，从每日 1 次到每周 3~4 次。在第 25 次会谈中进行了评估。伊娃的父母填写了之前在治疗摄入和评估阶段填过的评估表，即《自闭症治疗评估检查表》《罗氏游戏治疗社交技能评估表》和《罗氏游戏治疗情绪调节评估表》，每一项以技能提高为治疗目标的靶向领域都有较大的改善。治疗师也注意到治疗目标得以实现，并重新进行了儿童观察和亲子观察评估。治疗目标技能的进步见表 4.6。

表 4.6　罗伯特自闭症游戏治疗实施后的家长评分（伊娃）

自闭症治疗评估检查表	罗氏游戏治疗社交技能评估表	罗氏游戏治疗情绪调节评估表
• 难相处 / 不听话 = 描述较准确 • 躲避与他人接触 = 描述不准确 • 没有目光接触 = 描述不准确 • 爱发脾气 = 描述较准确 • 焦虑 / 恐惧 = 问题严重	• 与他人进行目光接触 =5 • 处理愤怒 / 沮丧 =3 • 向他人做自我介绍 =4 1~5 级（1= 未发展，5= 已发展）	• 孩子理解焦虑情绪，焦虑时可以自我平静 =4 • 孩子可以说出他 / 她感到生气或焦虑 =5 1~5 级（1= 未发展，5= 已发展）

经过 6 个月的罗伯特自闭症游戏治疗干预，伊娃最初的每一项目标技能缺陷都呈现出显著的改变。治疗师注意到，在 6 个月的治疗期间，伊娃的技能不断提高，不仅家长评分显示出在每个目标技能领域的明显进步，伊娃的父母也报告了伊娃行为的整体改善，问题行为减少，乱发脾气的现象减少。另外，他们也报告了伊娃在感觉处理问题上的改善。虽然初始治疗目标的达成令人满意，但在重新评估的时候，他们确立了新的治疗目标，伊娃和她的父母将继续参与治疗。

洛根

背景资料

洛根是一名 15 岁的男孩，他因为被诊断为阿斯伯格综合征和脆性 X 染色体综合征而开始接受罗伯特自闭症游戏治疗。洛根被诊断为中等到高功能自闭症，社交能力较差。在结束私立自闭症学校的学习后，洛根刚刚进入一所公立学校。使用《韦氏儿童智力量表》对洛根进行心理评估，他的智商全量表的得分为 93 分。

在罗伯特自闭症游戏治疗实施前的摄入和评估阶段，洛根的母亲填写了《自闭症治疗评估检查表》和《罗氏游戏治疗社交技能评估表》，以进一步确定洛根的技能和缺陷。治疗师使用罗伯特自闭症游戏治疗观察表进行了规范的儿童观察和亲子观察。通过父母填写的评估表和治疗师的观察，治疗师确定洛根和他的母亲可以正式开始罗伯特自闭症游戏治疗，并确立了治疗目标以解决已发现的技能缺陷（见表 4.7）。

表 4.7 罗伯特自闭症游戏治疗实施前的家长评分（洛根）

自闭症治疗评估检查表	罗氏游戏治疗社交技能评估表
• 缺乏朋友/同伴=描述非常准确 • 对他人情绪不敏感=描述非常准确 • 多动=问题严重 • 强迫性语言=问题严重 • 日常安排死板=问题严重	• 聆听而不打断别人说话=1 • 知道如何加入群组=1 • 与他人交朋友=1 • 不受干扰=1 • 懂礼貌=1 1-5级（1=未发展，5=已发展）

方法实施

第 1~3 次会谈主要聚焦于摄入和评估，以更好地识别洛根的技能优势和缺陷。洛根和他的母亲一起参加了每周一次的会谈。第 4 次会谈的重点是与洛根及其母亲一起讨论治疗目标，并确定第一项需要实施的罗伯特自闭症游戏治疗干预措施——"社交技能擦除"（见第六章），以帮助实现洛根的治疗目标。治疗师与洛根及其母亲共同找出在游戏中需要用到的特定社交技能。治疗师、洛根及其母亲在会谈时一起玩这个游戏。洛根和他的母亲被告知，在下一次会谈前，需要在家中进行 3~4 次"社交技能擦除"游戏。第 5 次会谈开始时，治疗师与洛根及其母亲讨论了家庭干预的进展情况。母子俩都表示干预进展顺利，洛根练习了一些有用的社交技巧。在干预期间，洛根和母亲的互动是积极正向的。治疗师与洛根和他的母亲讨论他们将学习一项新的干预措施——"行为识别"（见第六章），以进一步解决与社交技能相关的缺陷。在会谈期间，治疗师与洛根和他的母亲一起玩这个干预游戏，并指示他们在下一次会谈之前完成 4 次游戏。

第 6~22 次会谈采用和之前相同的形式。每一次会谈都涉及洛根的治疗目标，并选择一项罗伯特自闭症游戏治疗的干预游戏。在会谈期间，洛根和他的母亲通过参加游戏进行干预。他们学习干预游戏，被要求在两次会谈之间在家中实施干预。有几次会谈都重复同样的干预内容并连续实施两周。

在第 22 次会谈中，治疗师观察到洛根在他的治疗目标上取得了重大进步，并与洛根和他的母亲进行了讨论，在完成接下来的几次会谈之后，将根据原先制定的治疗目标对洛根重新进行评估。在第 24 次会谈时，洛根的母亲填写了洛根的最新表现的评估表（与她在治疗开始时填写的表相同）。在第 24 次和第 25 次会谈时，治疗师使用了罗伯特自闭症游戏治疗观察表更新了儿童观察和亲子观察。

干预结果

到第 6 个月末，洛根和他的母亲共与治疗师进行了 25 次会谈，在家中实施了大约 20 周的指导性游戏干预，从每日 1 次到每周 3~4 次。在第 24 次会谈时进行了评估。洛根的母亲填写了她先前在治疗的摄入和评估阶段填过的表单，即《自闭症治疗评估检查表》和《罗氏游戏治疗社交技能评估表》，证实了洛根在治疗目标靶向的每一项技能领域的进步。治疗师也注意到治疗目标技能的明显改善，并重新进行了儿童观察和亲子观察评估。治疗目标技能的进步见表 4.8。

经过 6 个月的罗伯特自闭症游戏治疗干预，洛根最初的每一项靶向技能缺陷都得到明显的改善。在 6 个月的治疗期间，治疗师注意到了洛根技能的发展。不仅家长评分显示出每一个目标技能领域都有明显的改善，洛根的母亲也报告了洛根在学校的行为和社交参与方面的长足进步。洛根进一步报告说，他在与同龄人相处时感到更加自信，交友也更加成功，尤其是在学校里。虽然初始治疗目标取得了令人满意的进展，但在重新评估的时候，他们又确立了新的治疗目标，于是，洛根和他的母亲将继续进行下一个疗程的治疗。

表 4.8　罗伯特自闭症游戏治疗实施后的家长评分（洛根）

自闭症治疗评估检查表	罗氏游戏治疗社交技能评估表
• 缺乏朋友 / 同伴 = 描述较准确 • 对他人情绪不敏感 = 描述不准确 • 多动 = 问题轻微 • 强迫性语言 = 问题轻微 • 日常安排死板 = 问题轻微	• 聆听而不打断别人说话 =5 • 知道如何加入群组 =3 • 与他人交朋友 =3 • 不受干扰 =4 • 懂礼貌 =4 1~5 级（1= 未发展，5= 已发展）

第五章 情绪调节干预方法

情绪脸谱扇

首要目标领域	情绪调节
次要目标领域	焦虑减轻、社交技能、关系联结
发展水平	儿童和青少年
材料	白纸或纸盘、木棍、胶水、马克笔
形式	个体

游戏简介

自闭症儿童和青少年经常难以调节情绪,包括识别情绪和将情绪与现实生活情境相联系。这项干预提供了一种强大的视觉辅助,患者可借以帮助识别情绪并将自己的情绪与相应的经历联系起来。

操作说明

儿童根据指导用白纸剪出 2 个圆盘(或任何形状)。(也可以用白色纸盘代替。)在 2 个圆盘上分别画一张带有情绪的面孔,然后将情绪名称写在与情绪面孔相对应的纸盘上。治疗师要指导儿童尝试设想一组对立的情绪,比如愤怒与快乐,让儿童将这组画着对立情绪面孔的圆盘背靠背用胶水粘在一起,中间插一根小木棍。儿童可以制作几把情绪脸谱扇,分别展现不同的相反情绪。治疗师和儿童谈论他/她所选择的情绪及其对立情绪的概念,练习做出与儿童所画情绪面孔相符的面部表情,并谈论儿童曾经体验这种情绪的时间和场景。如果儿童不能联想起相关经历,治疗师可以问一些问题进行提示,例如"在学校上体育课时你有什么感受?"或者"你对你哥哥有什么样的感觉?"这样的问题可以帮助儿童将情感与真实体验联系起来。

基本原理

该技术帮助儿童学习识别、理解和表达情绪(尤其是对立情绪的概念,并将情绪与真实体验相联系)。这项技术也可以训练对肢体语言的理解和对他人情绪的识别。儿童可能在识别某种情绪和其相反的情绪方面存在困难,治疗师可以协助儿童识别情绪并制作情绪脸谱扇。儿童受损越严重,治疗师就要在游戏中给予越多的启发和指导。

情绪脸谱扇示例

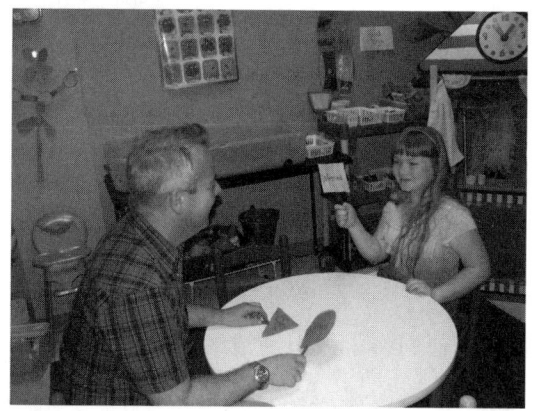

图中文字:
Scared：恐惧
Calm：平静
SAD：伤心
——译者注

我和我的情绪

首要目标领域	情绪调节
次要目标领域	焦虑减轻
发展水平	儿童和青少年
材料	白纸、彩纸、马克笔、剪刀、胶水
形式	个体、团体

游戏简介

"我和我的情绪"游戏旨在帮助儿童和青少年识别情绪并认识自身的情感体验。它结合了强大的视觉元素,帮助儿童识别他/她的情感自我,并开始学着谈论和处理他/她的情感。

操作说明

治疗师向儿童解释他们将学习识别情绪,教儿童在一张白纸上画出一个人的轮廓,让画中人看起来像他/她自己(脸型、头发,等等),用彩纸剪出不同的颜色来代表儿童所感受到的各种情绪。彩纸需要被裁剪成不同大小的尺寸,以表现情绪的不同程度,小纸片代表不经常感受到的情绪,大纸片代表经常感受到的情绪。儿童按照喜好将这些纸片用胶水粘在纸人身上的任何位置,然后把情绪写在纸人身上的彩纸片上。治疗师与儿童讨论他/她选择的情绪,以及他/她感受到这种情绪时的场景和经历。

基本原理

"我和我的情绪"可以帮助儿童和青少年学习识别、理解和表达情感。儿童也可以通过这项技术提高精细运动技能和语言交流能力。儿童的情绪每天都在变化，所感受情绪的程度每天也会不同。治疗师可以和儿童讨论情绪的变化，帮助儿童理解，所有人在不同的时间会体验各种各样的情绪。可以教家长在家中与孩子一起定期实施"我和我的情绪"干预，鼓励他们在游戏中画出自己的人形，以帮助他们的孩子在识别和谈论情绪时获得更多的练习。

我和我的情绪示例

图中文字:
happy:高兴
brave:勇敢
mad:发狂
angry:生气
shy:害羞
worried:烦恼
——译者注

图中文字:
Busy:忙碌
Grateful:感激
Needed:需要
Underappreciated:
无人赏识
Tired:疲惫
Happy:高兴
——译者注

情绪与场景

首要目标领域	情绪调节
次要目标领域	社交技能、行为改变
发展水平	儿童和青少年
材料	索引卡片、铅笔
形式	个体

游戏简介

自闭症和其他发育障碍的儿童和青少年患者经常难以恰当地表达情绪。这项干预有助于儿童和青少年将体验到的情绪与触发这些情绪的特定场景联系起来，帮助他们学会如何恰当地表达情绪。它可以根据实际情况进行调整，解决儿童过去在现实场景中一直感到难以应付的情绪问题。

操作说明

在会谈开始之前，治疗师写下会引起各种感受的不同情境或场景。（通常情况下，治疗师会在索引卡片上写出儿童过去一直感到难以应付的处境。）治疗师要尽量设想与这位儿童自身相关的情境，和儿童一起轮流解读各种场合，然后只用肢体语言和面部表情来准确表达在该场合下才会出现的情绪。一旦能够用肢体语言表达这种情绪，治疗师就会和儿童讨论适合这种情绪的场合，以及儿童有没有经历过这种场合和有过这种感受。治疗师可以进一步与儿童讨论如何恰当地表达出他/她在那种场合中所感受到的情绪。讨论完所有场景之后，治疗师可以询问儿童有没有任何他/她想要练习的情境。

基本原理

　　这项技术帮助儿童发展识别和表达情绪、识别他人的情绪以及随着环境变化而认知情绪方面的技能，还可以协助理解肢体语言。这是一项疗效显著的技术，可以帮助儿童在情绪管理方面练习如何处理难以应付的特定场景。如果儿童已经具备上述能力了，那么下一步就是询问儿童，在这种场合下他/她可以做些什么事情来更好地管理自己的情绪。家长可以学习这项干预，并在家中继续与儿童进行练习。

情绪与场景示例

在学校,一位同学对你说你很愚蠢。

你正在玩你最喜欢的电子游戏,妈妈告诉你,你必须停止游戏,陪她去杂货店。

爸爸和妈妈告诉你,你们将去迪士尼乐园游玩。

妹妹弄坏了你心爱的玩具。

你在学校获得最佳行为奖。

你获得了一张优秀的成绩单。

你在家里玩,不小心弄坏了父母的一张照片。

你和父母去购物中心,结果你走失了。

你的老师进行一场突击数学测验,但你不会做。

当你放学回到家时,你想玩电脑,但发现电脑坏了。

父亲告诉你,你们要去观看有你哥哥参与表演的学校演出。

你的老师告诉你整个星期你们都不会有家庭作业。

课间休息时你正在玩耍,一些同学邀请你和他们一起玩。

课间休息时你正在玩耍,没有人和你一起玩。

你们坐在车里,你的弟弟妹妹吵闹的声音特别大。

在学校有些同学取笑你。

父母给你买了一件礼物,那是你最喜欢的新玩具。

情绪侦探

首要目标领域	情绪调节
次要目标领域	社交技能
发展水平	儿童和青少年
材料	纸张、铅笔
形式	个体、团体

游戏简介

自闭症儿童和青少年不仅在识别自己的情绪方面会遇到挑战,而且往往不能识别他人的情绪。这项干预可以帮助儿童和青少年学会识别他人和自己的情绪,也帮助他们学习关心和重视他人。

操作说明

治疗师把儿童在一个星期内应该会出现的情绪罗列出来,打印或手写在一张纸上(如后文所示)。治疗师向儿童解释他/她将成为治疗师的情绪侦探,要求儿童把情绪工作表带回家,通过观察家人以识别表上的每一种情绪。如果儿童认为他/她观察到一个家人表现出了某种情绪,必须让出现这种情绪的家人或者父母来验证,要写下是谁、在什么场合让他看到了这种情绪。下一次会谈时,儿童将情绪工作表带回,治疗师和儿童一起回顾工作表,讨论儿童所观察到的情绪。通常,治疗师会接着创建另一张情绪工作表,再让儿童带回家,这一次指导儿童找出自己的情绪。当儿童注意到自己经历的某种情绪时,就把场景写在情绪工作表上,并根据要求将工作表带回,以便在下一次会谈时与治疗师进行讨论。

基本原理

"情绪侦探"侧重于发现和识别他人的情绪。这项技术也适用于观察他人的肢体语言和关注他人说话内容的社交技能领域。治疗师应该首先创建一份基本情绪表,例如快乐、悲伤、非常生气,等等,在后续的会谈中创建更多工作表,写出更高级的情绪。治疗师需要辅导家长协助孩子完成识别表中情绪的任务,帮助孩子验证情绪,并为孩子提供观察他人的机会。

情绪侦探工作表

姓名：_____

高兴

孤独

激动

发狂

自豪

紧张

被爱

害羞

嫉妒

心情故事

首要目标领域	情绪调节
次要目标领域	焦虑减轻
发展水平	儿童和青少年
材料	纸张、铅笔
形式	个体、团体

游戏简介

儿童和青少年自闭症患者通常具有较低的接受性语言能力。这项干预有助于儿童学习集中精神，注意聆听与情绪相关的关键词和短语，还可以帮助儿童辨识出他人正在体验的情绪感受，以及知道为什么他／她会有这种情绪。

操作说明

在会谈之前，治疗师编写 1~3 篇小故事，描写人们怎样感受各种情绪（如后文所示）。治疗师将一个心情故事念给儿童听，告诉儿童在治疗师朗读故事的时候要认真聆听，每当发现故事中有情绪表达时，儿童要让治疗师暂停朗读。此时，儿童要说出故事中出现了什么情绪，谁表现了这种情绪，他为什么会有这种情绪，以及儿童自己是否会在同样的情况下产生这种情绪。这些是每一次儿童识别到情绪并要求暂停朗读时，治疗师可以向儿童提出的问题。读完一个故事，治疗师可以接着朗读另一个故事，或者询问儿童是否想要写一写自己的心情故事。如果儿童写出了自己的心情故事，就由他／她朗读故事，让治疗师指出里面的情绪。在给儿童朗读故事时，儿童很可能会错过某些情绪，此时，治疗师需要停止朗读，告诉儿童他／她没有发现哪种情绪，然后重新朗读故事的那一部分，这样，儿童就有机会认识他／她没有注意到的情绪。

基本原理

该技术可以用于干预分享情绪体验以及其他一些情绪调节的能力。故事的难度和长度应根据儿童的年龄和功能水平而有所调整。治疗师可以编写几个不同的故事，引用儿童生活中各种各样的场合。对于识别故事中的情绪有困难的儿童，可能需要他们自己先阅读故事，圈出在故事中发现的所有情绪，然后再就这些情绪进行讨论。

心情故事示例 1：山姆开学的第一天

　　山姆被闹钟叫醒了。现在是早上 7 点钟，是时候起床了，要为开学的第一天做好准备。山姆感到很疲倦，实在不想离开被窝。山姆的母亲告诉他，他必须起床并穿好衣服。母亲担心他会错过校车。山姆起身下了床，开始穿衣服。即将见到整个夏天里都没见过面的朋友，山姆感到很兴奋，但他又担心学校里可能会有霸凌出现。山姆穿好衣服，吃了早餐，但早餐让他感到胃不舒服。搭上校车以后，山姆仍然感到焦虑。校车上有很多噪音，山姆对所有的响声感到恼怒。校车总算到达了学校，山姆走进教室。在学校里山姆终于感到放松。山姆的一个最好的朋友莎莉走过来坐在他的身边，这让山姆感到高兴，他在想学校也许并不是那么糟糕。山姆竟然开始对今年上学感到兴奋，即使这意味着他必须每天早上 7 点钟起床。

心情故事示例 2：莎莉和弟弟

　　莎莉走向她的房间，准备玩她的所有玩具，玩到尽兴！当她踏进房间时，她的情绪从兴奋变为愤怒！莎莉的弟弟迈克尔在她的房间里，而且弄坏了她的几个玩具。莎莉非常恼火，声嘶力竭地叫喊要迈克尔滚出房间。迈克尔感到既惊讶又害怕，迅速跑出了莎莉的房间。当莎莉环视房间时，她感到很难过——好多她最心爱的玩具都被弄坏了。莎莉的母亲听到莎莉对迈克尔大喊大叫，走进莎莉的房间。她看到莎莉很悲伤和心烦，意识到发生了什么事情。母亲告诉莎莉一切都会好的，他们会更换所有被弄坏的玩具，莎莉才高兴起来。母亲还告诉莎莉他们会给她的门装一把锁，这样弟弟就不能随便进入她的房间。莎莉很激动，因为得到了一些新玩具，而且很放心，因为弟弟将不能够随便进入她的房间。

情绪字母表

首要目标领域	情绪调节
次要目标领域	社交技能
发展水平	儿童和青少年
材料	情绪字母表、情绪脸谱卡/图片
形式	个体

游戏简介

自闭症谱系障碍的儿童和青少年患者通常需要培养与情绪调节相关的各种技能。这项干预包括认识情绪、识别他人的情绪、谈论产生某种情绪的场合，以及如何处理负面情绪。它通过学习肢体语言和关注他人来练习社交技能，特别是在情绪表达方面。

操作说明

治疗师向儿童解释他们将根据字母表中的字母顺序来谈论情绪。治疗师指导儿童从字母表中挑选一个字母并将其转化成一个表示情绪的名称，例如 A 代表"愤怒"（参见后文的示例图表）。如果需要，治疗师可以帮助儿童识别一种情绪，然后，向他/她展示一个人表现这种情绪的图片。（图片可以从杂志上剪下来，或者从一副情绪脸谱套卡中选出来。）治疗师要求儿童用他/她的面部表情和身体展示这种情绪是什么样子的，想一想他/她在什么时候有过这种感受，最终他/她又是如何表达这种感受的。如果这是一种消极的情绪，就要求儿童尝试找出能帮助他/她感觉更好的方法。完成练习一种情绪之后，治疗师和儿童可以选择另一个字母，继续按这个流程进行下一种情绪的练习。

基本原理

"情绪字母表"是一种关注全方位的情绪调节技能的干预方法。这项技术可以帮助提高整体情绪管理以及其他几个类别的情绪调节的能力。在这项游戏中,根据儿童的功能水平,治疗师有可能需要给予大量的指导,但是,根据治疗的目标领域调整游戏的难易程度也是很容易做到的。治疗师可以按字母表的顺序多次进行这项游戏,也可以通过每个字母训练儿童辨认多种情绪。家长需要学习如何在家中实施这项干预,努力完成整张字母表,以涵盖各种不同的情绪。

情绪字母表示例

A	生气，恼火，愉悦，焦虑，笨拙，被遗弃，害怕，深情，有攻击性，傲慢，被赞美，喜欢冒险，惭愧
B	勇敢，大胆，无忧无虑，痛苦，无聊，受打击
C	平静，乐于助人，开朗，自信，困惑，舒畅，合作，好奇，体贴，好战
D	目中无人，灰心丧气，失望，专注，萎靡，大胆，欣喜，郁闷，忠实，沉默，分心，与众不同，具有破坏性
E	兴奋，暴怒，羡慕，精力充沛，受到鼓舞，渴望，欣喜若狂，尴尬，空虚，被排斥，热情
F	恐惧，无所畏惧，受惊吓，无拘无束，凶悍，脆弱，有趣，滑稽，激烈，沮丧，脆弱，友好
G	真诚，高兴，感激，内疚
H	快乐，可憎，健康，无助，诚实，绝望，充满希望，可怕，敌对，蒙羞，受伤
I	不耐烦，轻率，无安全感，受鼓舞，被侮辱，感兴趣，紧张，好奇，被激怒，孤僻
J	嫉妒，欢喜
K	仁慈
L	孤独，有爱心，被爱，讨厌，可爱，非常生气
M	发狂，吝啬，悲惨，喜怒无常，悲伤，躁狂，恶毒

N	和蔼，讨厌，贫困，紧张，消极，被忽视
O	乐观，勃然大怒，喜出望外，不知所措
P	平和，自豪，惊慌失措，耐心，可怜，宁静，悲观，喜欢，有礼貌
Q	安静
R	被拒绝，叛逆，大发雷霆，后悔，被否定，如释重负，堕落，颓废，气愤
S	伤心，满意，恐惧，安全，敏感，害羞，发自内心，坚强，惊讶，亲切，富有同情心，感到压力，昏昏欲睡，聪明，愚蠢
T	极度惊恐，害怕，温柔，紧张，体贴，受到威胁，异常激动，不屈不挠，值得信赖，疲惫
U	不舒服，体谅，无人赏识，无把握，失宠，愧对，无用，不寻常
V	易受伤害，狂暴，被侵犯，生机勃勃
W	怪异，虚弱，热情，野蛮，烦恼，卑微，值得尊敬
X	（你能想到哪种情绪吗）？
Y	幼稚，有活力，令人讨厌
Z	古怪，热心

焦虑树

首要目标领域	情绪调节
次要目标领域	焦虑减轻
发展水平	儿童和青少年
材料	彩纸、马克笔、剪刀、胶水
形式	个体、团体

游戏简介

自闭症和其他发育障碍的儿童和青少年患者常常具有很强的通过视觉进行学习的能力。"焦虑树"创造了一种视觉的辅助手段,儿童可以把它放在家里,作为一种帮助他们记住如何进行自我平静、减少担忧和焦虑的方法。

操作说明

治疗师告诉儿童,他们将学习一些方法,帮助他们在感到焦虑和失调的时候保持平静和调节情绪。治疗师指示儿童在一张彩纸上画一棵树,用另一张彩纸剪出几片叶子,将它们贴在树上。治疗师和儿童在叶片上写下儿童担忧的各种事物,然后谈论这些忧虑,分析每一个忧虑是有合理的原因的还是没有必要的。(这时正是谈论区分确实应该和没有必要的担忧的一个好时机,因为自闭症儿童可能会有一些没有必要或者超出寻常的焦虑。)然后,治疗师和儿童讨论一种可以在每一次焦虑出现时让自己保持平静的技术,并把它写在树上。治疗师和儿童在各种产生焦虑的场景进行角色扮演并练习平静策略。儿童把焦虑树带回家,治疗师鼓励他们在感到焦虑时借助它来回忆平静的技巧。如果儿童发现他们不再对写在树叶上的事情感到忧心忡忡时,则可以从树上移除那片叶子。如果发现了新的带来焦虑的事物,他们也可以在树上添加叶片。

基本原理

　　这项技术可以帮助儿童和青少年学习理解、表达和管理情绪，尤其是处理担忧和焦虑的负面情绪。可以将树的名称加以修改以针对儿童需要调整的任何情绪，比如愤怒树和恐惧树。这项技术可以锻炼儿童根据环境来识别情绪并找到帮助控制情绪、平复心情的办法，治疗师应根据儿童的功能水平的高低给予相应的帮助。这项干预也涉及精细运动技能和言语沟通技巧。

焦虑树示例

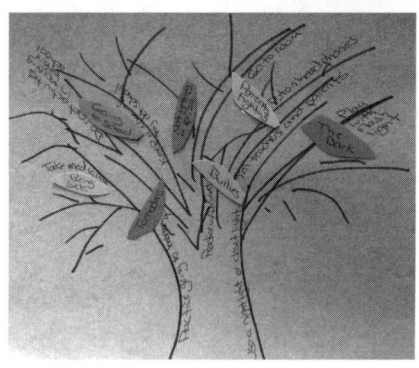

时间表派对

首要目标领域	情绪调节
次要目标领域	焦虑减轻、行为改变
发展水平	儿童
材料	各种派对用品、制作时间表的材料
形式	个体

游戏简介

自闭症儿童往往具有很强的通过视觉进行学习的能力。他们经常使用并受益于各种可视化时间表，在活动内容发生转换时，书面的周计划表就是一种帮助调节情绪和保持平静的可视化时间表。这项干预为自闭症患儿引入了一种饶有趣味、引人入胜的方法，来创建可视化的周计划表。

操作说明

治疗师与父母一起教孩子如何创建可视化时间表，以显示他每个星期的活动。有很多种方法来呈现日程安排，家长要选择他们认为最有效的方法。采用可擦拭的白板效果比较好，但是还有其他的方法，如纸质时间表、用计算机程序制作的时间表、在儿童平板电脑上显示的时间表，或者魔术贴时间表。治疗师教家长如何进行"时间表派对"游戏，父母每个星期要安排一个固定时间来制订下一周的计划表，并让孩子参与制订，所以把这项干预叫作"时间表派对"。父母要准备好派对帽、发声器、气球等。父母和孩子要制订每一天的计划，每制订好一天的计划时，孩子可以得到一块糖果，吹一下发声器，拍打一阵子气球，等等。这样做的思路是，每制订好一天的计划，就安排一个小小的庆祝仪式。我们鼓励家长保持充满乐趣的气氛以吸引孩子。周计划表要包括一周的七天，每一天又分解到小时，覆盖孩子从醒来到入寝的时间。

基本原理

这项技术可以帮助儿童利用可视化周计划表进行综合调节，获得积极乐观和舒适的情绪。"时间表派对"为父母和孩子提供了一个有趣互动的机会，让孩子积极地接受他/她的可视化时间表。可视化时间表通常有助于减少失调和帮助儿童进行转换。时间表的格式取决于儿童的能力和发展水平（用文字还是图片）。

原计划 / 新计划[1]

首要目标领域	情绪调节
次要目标领域	焦虑减轻、行为改变
发展水平	儿童
材料	泡沫板或卡片纸、马克笔、艺术装饰、胶水
形式	个体

游戏简介

自闭症和发育障碍儿童经常难以适应任务转换、突发事件以及事情变化，只是一味地认定初始计划。这项干预为父母提供了一项工具，协助儿童泰然接受计划或时间安排的调整，使儿童的反应更加平静、顺畅并符合规范。

操作说明

治疗师和儿童使用卡片纸或泡沫板做成两张卡片，在一张卡片上写一个大大的字母"S"，另一张卡片写一个大大的字母"N"，让儿童在两张卡片上画一些装饰。接着，治疗师将和儿童讨论人们有时会制订一项计划，后来发生了某件事情，计划就跟着改变了（"N"卡），但有时候计划会保持不变（"S"卡）。孩子把两张卡片带回家交给父母。每当要宣布一项计划时，父母就运用卡片向孩子进行解释。孩子和父母都清楚父母手中有两张卡片，当新的计划产生时，父母向孩子出示"N"卡，等待几秒之后，让孩子知道他/她即将听到一个新的计划，然后，父母把新计划的内容告诉孩子。当儿童询问有没有新计划，或者询问计划是否与原来一样时，用"S"卡。如果计划跟原来一样，父

---

[1] 原文为 Same Plan/New Plan；大写字母 S 表示"原计划"，大写字母 N 表示"新计划"。——译者注

母向孩子出示"S"卡。

基本原理

这项技术可以帮助儿童在面临计划转换、突发事件和意外变更时管理自己的情绪。治疗师要向儿童强调"N"卡代表新计划,"S"卡表示计划不变。关键是要让儿童理解他/她得到"N"卡时,意味着即将出现一个新计划,它跟儿童的预想会有出入,但这很正常。要让儿童产生联想,他听到有变化即将发生,这是正常情况,他要为此做好思想准备。父母要学习这个方法,以便知道孩子带回家的两张卡片的用途。父母也可以多做一两套卡片,这样他们就可以将一套放在车上,一套放在家里。

原计划 / 新计划示例

洋芋头先生的情绪

首要目标领域	情绪调节
次要目标领域	社交技巧、关系联结
发展水平	儿童
材料	洋芋头先生和夫人玩具
形式	个体、家庭、团体

游戏简介

自闭症谱系障碍和发育障碍的儿童和青少年患者经常难以识别情绪。这项干预创造了一种有趣的方式，让儿童学习识别情绪的面部表情。可以使用洋芋头先生的配件拼出各种各样情绪的表情，最好是治疗师和儿童都有一套洋芋头先生玩具，这样两个人可以分别搭配出表情让对方来识别。

操作说明

使用一套洋芋头先生或洋芋头夫人玩具［美国孩之宝玩具（Hasbro Toys）公司的产品］和各种配件，儿童可以尽情想象，拼搭洋芋头面容，呈现出各种情绪的表情，越多越好，治疗师参与一起拼搭。当一个人拼出一种表情，把它展示给对方，后者要说出这是什么表情。当情绪被正确识别出来，儿童和治疗师就要在自己的脸上做出这种表情。治疗师还可以要求儿童说出他/她感受到这种情绪的时刻。治疗师和儿童应该尽情发挥想象力，把洋芋头先生的面部表情一一表现出来，多多益善。治疗师多收集几套玩具附件可以增加游戏趣味和干预效果。

基本原理

"洋芋头先生的情绪"游戏可用于识别、理解和表达情绪。它还适用于训练如肢体语言和面部表情之类的精细运动技能和社交技能。治疗师需要购买一套洋芋头先生或夫人玩具,配件越多,可拼搭的情绪表情就越丰富。"洋芋头先生的情绪"是一款借助流行的玩具、以积极而有趣的方式吸引儿童参与的干预游戏,可以在团体环境中实施,也可以辅导父母在家中实施,全家均可加入和孩子一起玩耍。

洋芋头先生的情绪示例

识别他人的情绪

首要目标领域	情绪调节
次要目标领域	社交技能
发展水平	儿童和青少年
材料	杂志、索引卡、笔、胶水
形式	个体、团体

游戏简介

自闭症和其他发育障碍的儿童和青少年患者通常难以识别和理解他人的情绪。这项干预有助于儿童思考和识别他人的感受以及理解为什么他们会有这种感受。

操作说明

治疗师指导儿童从杂志上裁剪下人们表现不同情绪的图片。儿童把收集的多张图片用胶水粘贴在索引卡上,在图片上写下他们所表现出的情绪。在索引卡的背面,儿童写下他/她认为会引起这个人出现这种情绪的所有事情。如果看到一种消极情绪,可以进一步向儿童提出问题:"怎么样才能帮助那个人感觉好受一些?"除了从杂志上剪裁卡片,治疗师也可以购买现成的、在不同情境下显示不同情绪的人物卡片,通常可以在教育用品商店找到。根据儿童情绪调节能力的水平,可能需要帮助他们正确识别和标注情绪,以及设想别人感受到那种情绪的原因。治疗师应该引导和协助儿童一步步地完成这项干预,利用一切机会帮助儿童了解情绪。

基本原理

这项技术可以帮助儿童和青少年学习识别、理解和表达情绪,以及识别他人的情绪,还可以训练儿童的精细运动技能和言语沟通技能。儿童和青少年可以制作一整套卡片,注明不同的情绪和人们感受到那些情绪的原因。儿童也可以不断增加套卡数量,当他们发现一种新的情绪时,即可创建一张新的卡片加到套卡里。儿童制作套卡并带回家,在识别到自己或其他人的情绪时,可以使用套卡的卡片来表示。父母也可以学习在家里与孩子一起制作新的卡片。

识别他人的情绪示例

情绪色板钥匙串

首要目标领域	情绪调节
次要目标领域	焦虑减轻、行为改变
发展水平	儿童和青少年
材料	颜料色板、打孔机、马克笔、钥匙圈
形式	个体、家庭、团体

游戏简介

自闭症谱系障碍的儿童患者很难说出他们的感受,特别是在当他们极度失调的时候。这项干预为儿童和青少年提供了一项工具,他们可以借此交流感受,让成年人更好地了解他们的状态。

操作说明

治疗师向儿童解释他们将使用颜料色板来制作情绪色板钥匙串。治疗师将几个已切割成较小尺寸的颜料色板给儿童,并需要准备多种颜色供他们选择。儿童设想他/她有时会体验到的各种不同情绪,选择一种颜色来匹配一种情绪。儿童把情绪写在颜料色板上,写完所有颜料色板之后,用打孔器在每张色板上打孔,然后将色板用钥匙环串起来。儿童制成了一个可以随身携带的情绪色板钥匙串,可以用来向别人展示他/她的情绪。制成情绪色板钥匙串之后,治疗师和儿童一起讨论每一种情绪以及感受到每种情绪的时刻,也可以联系一些可能会用到钥匙串的场景。建议从 8~10 种情绪开始,可以随时添加更多的情绪。治疗师要确保将儿童平时感到困扰的情绪都收录进钥匙串里。

基本原理

该技术有助于练习识别、理解和管理情绪。这项技术呈现了一种极好的辅助工具,儿童可以在家或学校里使用它来帮助自己向别人表达感受,还可以随时添加情绪。在制作情绪色板时,治疗师可能需要增加一些儿童遗漏的情绪类型。关键是要确保色板上一定要包括儿童会经常出现的情绪。治疗师要把情绪色板干预教给家长,并指导他们鼓励孩子使用情绪色板。家长也可以帮助孩子添加情绪色板。

情绪色板钥匙串示例

图中文字:
CALM:平静
——译者注

图中文字:
CONFUSED:困惑
——译者注

情绪脸谱纸牌

首要目标领域	情绪调节
次要目标领域	社交技巧、关系联结
发展水平	儿童和青少年
材料	情绪脸谱纸牌
形式	个体、家庭、团体

游戏简介

治疗师和儿童使用一副情绪脸谱纸牌（可以从教育和治疗商店购买），围绕情绪的主题，玩各种流行的纸牌游戏，比如"情绪钓鱼（Feelings Go Fish）""情绪记忆（Feelings Memory）"和"情绪宾果对对碰（Feelings Bingo）"。

操作说明

"情绪宾果对对碰"的玩法，是将一副情绪纸牌分成两叠，拿起其中一叠，在两位玩家面前各放 2 排 5 张纸牌，面朝上摆放，玩家要根据牌面的情绪脸谱"宾果牌"找一对的牌。将剩余的纸牌与另一叠混合洗匀，放在两位玩家中间，两人轮流摸一张牌并找配对的牌，谁先找完配对的牌谁为赢家。每翻到一对牌，玩家要说出该情绪的定义。

在"情绪钓鱼"和"情绪记忆"纸牌游戏中，每次配成一对牌时，该玩家要分享他/她体验到那种情绪的时刻。这三款游戏都可以有多种玩法，而用一副情绪脸谱纸牌可以玩出多种花样。治疗师可以再开发出其他多种玩法来将情绪调节技能的训练融入流行的纸牌游戏中。Borgman 设计的情绪扑克牌的说明书里介绍了几种流行的纸牌游戏玩法，它们均可以用来训练情绪调节技能。

基本原理

"情绪脸谱纸牌"游戏通过不同的游戏玩法，对所有类别的情绪调节技能缺陷都可以进行干预。在选择纸牌游戏时，治疗师要考虑儿童的功能水平。家长能够轻而易举地学会纸牌游戏。治疗师可以建议他们购买一副情绪脸谱纸牌，并时常和孩子一起玩。这项干预为全家人提供了共同参与的机会，游戏玩法花样繁多，而且可以不断重复。

心理理论木偶

首要目标领域	情绪调节
次要目标领域	社交技能
发展水平	儿童
材料	木偶
形式	个体

游戏简介

这项干预致力于帮助儿童学习心理理论（Theory of Mind, ToM），心理理论是指个体理解其他人会拥有与自己不一样的信仰、欲望和意向的能力。自闭症儿童常常缺乏心理理论，这种技能缺陷会造成情绪失调和社交困难。

操作说明

治疗师向儿童解释他们将使用木偶来谈论人们如何持有不同的观点，并对同一事物有不同的感受。这项技术可以使用木偶，也可以用小型人偶，来帮助儿童学习心理理论。治疗师选择3个木偶（用人形玩偶更佳），并设计一个简单的故事。每个木偶对同一件事都有不同的想法和感受。例如，让所有木偶品尝一个苹果馅饼，一个木偶说非常好吃，另一个木偶说很难吃，第三个木偶说馅饼还可以接受。然后，木偶们品尝另一款馅饼，如巧克力馅饼，同样，对于喜欢还是不喜欢馅饼，每一个木偶的想法和感受都不一样。这一类故事要表演3~4遍。然后，治疗师假装品尝馅饼并说出自己的想法和感受，让儿童参与到故事中来。如果儿童成功参与，那么治疗师需要尝试让儿童构想类似的木偶故事。治疗师可以多次实施这项干预，采用多个不同的故事，但是万变不离其宗，让每个木偶持有不同的观点。在每个木偶故事表演结束之后，治疗师还可以与儿童讨论心理理论的概念。

基本原理

这项技术适用于各种类别的情绪调节，因为它们都涉及心理理论，使儿童能够理解其他人对同一事物可以拥有不同于他/她的想法和感受。只要用每个木偶表达不一样的思想和感受，故事的内容可以随意设想。木偶故事应该生动而有趣，并且治疗师应该寻找机会让儿童参与到故事当中，并练习接受不同的观点。

心理理论木偶示例

我的情绪卡

首要目标领域	情绪调节
次要目标领域	社交技能
发展水平	儿童和青少年
材料	一副空白卡片、马克笔
形式	个体、家庭、团体

游戏简介

"我的情绪卡"为儿童和青少年提供了创建自己的全套情绪卡的机会。套卡可以用来玩各种游戏,帮助儿童识别情绪和分享感受。治疗师可以与儿童及其父母一起设计几种情绪卡游戏的玩法。

操作说明

治疗师向儿童解释他们将自己动手创建情绪主题套卡。使用一副空白卡片(可以在大多数教育用品商店购买),指示儿童在卡片上画出各种情绪脸谱并写下情绪名称,每种情绪要制作两张卡片,以便有卡片可以配对。有些儿童可能需要治疗师帮助他们识别一些情绪、写出情绪名称。治疗师还可以提供情绪图集让儿童照着画。儿童尝试画出他/她所能想到的情绪表情,画得越多越好,越像越好。治疗师也可以绘制一些卡片添加到儿童的套卡中,特别是那些他们认为儿童需要接受干预的情绪。套卡做好以后,治疗师和儿童一起玩情绪纸牌游戏,比如玩"情绪钓鱼""情绪对对碰"和其他游戏,甚至可以设计新游戏。

基本原理

该技术可以运用游戏的不同玩法对六种情绪调节类别进行干预。儿童可以把自制的情绪套卡带回家中和父母一起玩。可以尝试几种不同的玩法，也可以多次重复游戏。儿童可以把没有用完的空白卡片带回家，在发现新的情绪时添加到套卡里。治疗师需要与家长分享自制卡片游戏的创意，并鼓励他们创造新游戏玩法。

第六章 | 社交技能干预方法

社交技能擦除

主要目标领域	社交技能
次要目标领域	行为改变
发展水平	儿童和青少年
材料	社交技能擦除纸、塑料片
形式	个体、家庭、团体

游戏简介

患有自闭症谱系障碍的儿童和青少年，常常在多种社交技能发展领域里挣扎。"社交技能擦除"游戏是一种简单的个性化的干预方法，它可以帮助每个儿童设法解决他/她特定的社交技能问题。这个干预方法中的擦除部分用一种有趣的方法吸引儿童来练习他们的社交技能。孩子需要持续地进行这个游戏，直到所有指定的社交技能都得到干预。

操作方法

治疗师向儿童解释，他们将通过游戏来练习社交技能。在一张白纸上面，治疗师和儿童会画9~12个空格（如后文所示）。治疗师和儿童一起在这些空格中填写不同的社交技能。治疗师可能要写出大部分儿童需要学会的技能，但同时治疗师也要考虑孩子的意见。接着，治疗师和儿童轮流把一个塑料片或者一个硬币抛在表格上。当它掉落在某项社交技能上时，治疗师和儿童就练习该项技能。一旦完成这项技能的练习，儿童就可以把它从表格中划去，治疗师和儿童会持续玩这个游戏，直到练习了所有技能，且它们都已被划去。当表格中所有的技能都被划去之后，儿童就会得到一个小小的奖励，或者得到一块糖果。

基本原理

"社交技能擦除"游戏能够帮助儿童和青少年发展一系列的社交技能。它们可以是儿童需要提高的任何社交技能,也可以随着每次游戏的不同而有所改变。可以从简单的技能开始,随着儿童的社交技能得到改善,而变得越来越复杂。我们可以教会家长和孩子玩这个游戏,并为在空格中填写的社交技能提供一些思路。家长应该试着定期和孩子在家里进行游戏,甚至可以让其他家庭成员加入。孩子对所需的社交技能练习得越频繁,他们在实际情境中运用这些社交技能的可能性就越高。

社交技能擦除工作表示例

如果你的一个朋友试着让你去做一些错的事情,你会怎么办呢?请表现出来。	表现出一些好的行为习惯。
和某个人进行眼神接触并且告诉他你今天做了什么。	向某个人介绍你自己,并且握一握他的手。
在不说话的情况下,在脸上表现出三种情绪。	分享一种情绪感受并且说说什么样的事情会让你有那样的感受。
编一段短剧,在剧中你对老师是有礼貌的。	如果另一个孩子快把你逼疯了,你会怎么办呢?请表现出来。
练习倾听他人说话且不打断他。	说出你可以帮助父母做的两件事。
练习向某人寻求帮助。	编一段短剧,在剧中你是别人的好朋友。

社交技能游戏棒

主要目标领域	社交技能
次要目标领域	情绪调节、联结以及行为改变
发展水平	儿童和青少年
材料	游戏棒、社交技能记录单
形式	个人、家庭、团体

游戏简介

该干预方案提供了一种参与性游戏形式，帮助儿童和青少年学会和练习社交技能。我们在以往的游戏棒游戏中添加额外元素来练习所需的社交技能。我们鼓励治疗师为每一位儿童创建个性化的社交技能表并且设法为这些儿童处理其自身的社交技能缺失。

操作方法

在玩游戏棒时，治疗师会在一张纸上列出每一种游戏棒的颜色，并且在每个颜色下方都有一些需要训练的社交技能（如后文所示），治疗师和儿童会根据常规的游戏棒规则玩游戏。当儿童或治疗师拾取某个颜色的小棒，他们必须选取纸上这个颜色下方的某一项社交技能进行学习和练习。这些技能各不相同，游戏持续进行直到所有的游戏棒都被拿走、所有的技能都得到练习。我们必须要注意，有一些儿童很难在不移动游戏棒的同时拿起游戏棒，而治疗师需要对此表现出绝对的宽容，对孩子来说更重要的是能够获得一根游戏棒，这样他/她才能够练习某项社交技能。

基本原理

这项干预方法根据需要处理的不同技能类型,对发展社交技能、专注力和注意力、精细运动技能,甚至一些情绪调节技能方面都有所帮助。"社交技能游戏棒"可以多次进行,并且可根据需要解决的新的或者更复杂的技能对社交技能表进行调整。治疗师需要在孩子开始他/她的治疗会谈之前,设计完成与游戏棒颜色相匹配的社交技能表。我们也可以教会父母使用这项干预方法,为他们提供一张社交技能表,鼓励他们购买游戏棒,让他们和自己的孩子在家里进行游戏。父母也可以根据实际需要,创建他们自己的社交技能表。

社交技能游戏棒示例

红色

和某人进行眼神接触,并持续 10 秒

说出两件可以使你们成为好朋友的事情

说出三件你可以和他人合作的有趣的事情

问房间里的某个人一个问题

和房间里的某个人击掌

蓝色

说出一些你做了可能会让你失去朋友的事情

说出一些孩子在学校可能会受到霸凌的方式

说出两件你用以缓解紧张的方法

说出你和朋友一起做的一些事情

假装你在做你最喜欢的运动

黄色

展示出恰当地和别人握手的方式

自我介绍,并保持微笑

举例说明说话太大声、说话太轻以及正常说话的方式

如果你生气了,你可以做哪两件比较积极的事情

说出两种你可以帮助他人的方法

绿色

在 1 分钟内，说出一件你做过的事

夸夸房间里的某个人

向房间里的某个人提问

说出两件会让你感到紧张的事情

说说你在学校里做的有趣的事情

黑色

展示一种积极的社交技能

展示一种你擅长的积极的社交技能

杂志时光

主要目标领域	社交技能
次要目标领域	情绪调节、联结
发展水平	儿童和青少年
材料	杂志
形式	个体

游戏简介

　　患有自闭症谱系障碍或者其他发展障碍的儿童和青少年，在一系列的社交情境下常常会感到困难。许多患有自闭症谱系障碍的儿童在社交场景下会体验到高焦虑，且常常试图回避社交环境。这项干预方法更多地关注于帮助儿童辨认社交情境，并且通过谈论这些社交情境帮助他们增强社交技能，同时提高在这些社交场景下的舒适水平。

操作方法

　　治疗师向儿童解释，他们要用杂志玩一个游戏，这个游戏可以帮助他们增强社交技能。治疗师会给儿童几本杂志，当治疗师说"开始"，儿童会有一分钟的时间浏览这些杂志，从杂志中发现并且尽可能多地描述他人正在进行的社交活动。治疗师记录儿童在一分钟之内描述出的事例数量，同时治疗师要检查这些例子，以确保它们是准确的。一分钟之后，如果儿童描述了一些不准确的事例，治疗师需要和儿童进行讨论。儿童可以有几轮的机会来观察他/她是否能在每一轮中增加所描述的社交事例的数量。治疗师和儿童可以互换角色，让儿童计时，治疗师寻找与社交相关的事例。轮流进行事例描述为治疗师提供了向孩子示范如何进行游戏的机会，并且可以和孩子讨论不同的社交情境，尤其是一些对他们来说比较难以应对的社交情境。为了让孩子练习并且掌握这些技能，我们可以多次使用这项技术。

基本原理

"杂志时光"可以促进社交技能的发展，尤其是帮助儿童辨认和谈论社交情境。如果这个儿童在寻找事例方面存在一些困难或者表现出不确定，那么这项干预方法对他来说可能太高阶了。我们也可以对这项干预方法做一些调整，用以处理情绪调节问题。与寻找社交情境并进行解释不同的是，我们可以让孩子寻找他人表现出某一情绪的事例，或者让他/她解释正在发生什么。我们可以教会家长这个游戏，并且鼓励他们在家中实施干预。

杂志时光示例

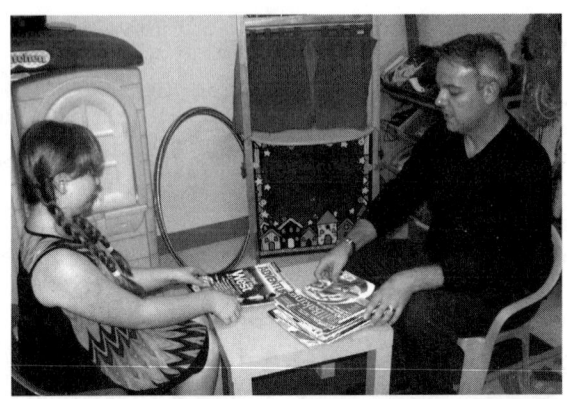

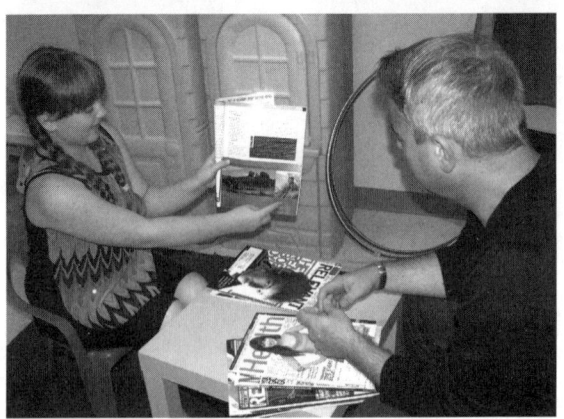

行为识别

主要目标领域	社交技能
次要目标领域	行为改变
发展水平	儿童和青少年
材料	行为识别卡片
形式	个体

游戏简介

患有自闭症谱系障碍的儿童和青少年常常对如何在不同的社交情境下表现出恰当的行为感觉到困扰。"行为识别"是一个非常有趣的互动类游戏，它可以帮助儿童识别在某些场景中的恰当或不恰当行为，并让他们有机会练习在不同情境下做出恰当的反应。

操作方法

治疗师会在行为识别卡片上写出不同的行为或者行动（如后文所示）。治疗师会做出某一行为，例如跑步、交谈、阅读书籍、打电子游戏、吃东西等，儿童需要猜测治疗师正在做的是一个什么样的行为，并且说出在什么场合这样做是恰当的，以及在什么场合这样的行为是不恰当的。如果儿童不能确定在这个地方或者场合做出这个行为是否恰当，治疗师可以为儿童提供帮助。治疗师和儿童也可以互换角色，由儿童来做出某种行为，治疗师进行猜测，或者说出什么时候这个行为是恰当的，以及什么时候这个行为是不恰当的。更多的行为事例包括喊叫、挖鼻孔、拍球、睡觉、脱衬衫、与朋友一起玩。

基本原理

"行为识别"游戏可以帮助儿童发展社交技能,尤其是帮助他们确认,什么时候某些行为是恰当的,以及在什么样的情境下或者场景里这些行为是不恰当的。治疗师挑选出来的行为应该是儿童目前存在困难的行为,也就是说他们在不恰当的时间做出的一些行为。如果治疗师不太确定这些行为对儿童来说是否存在困难,可以向家长询问。治疗师也可以教会家长这个游戏,并且指导他们每天在家里练习,尤其是对一些儿童可能会遇到的困难场景或者情境进行练习。

行为识别卡片示例

跑步	说话	玩电子游戏	吃东西
阅读一本书	喊叫	挖鼻孔	拍球
睡觉	脱衬衫	和朋友一起玩	听音乐
敲打	讲笑话	拥抱他人	说"不"
和父母一起玩	去外面玩	打扫卫生	看电视

社交技能袋

主要目标领域	社交技能
次要目标领域	联结、行为改变
发展水平	儿童
材料	纸袋、艺术装饰品、记号笔、纸、剪刀
形式	个体、团体

游戏简介

这项干预方法可以帮助儿童反复训练一些他/她所需的社交技能。这些社交技能可以与交友相关，或者是任何一种儿童需要改善的技能。

操作方法

治疗师会向儿童解释，他们将用纸袋做一个社交技能袋。治疗师会给儿童一个小纸袋，并且指导他/她用任何他/她喜欢的方式为这个纸袋做一些装饰，并且试着在纸袋上加一些可以用来描述自己的东西。装饰完纸袋后，治疗师和儿童一起在七张纸条（表示一周七天）上写下儿童需要提高的社交技能。完成后，这些小纸条会被放入纸袋中。如果这个治疗会谈还未结束，治疗师和儿童可以一起练习这些社交技能。我们会指导孩子把这个纸袋带回家，每天他/她会从中拿出一张小纸条，并且和父母一起在一天的三个不同时间段进行练习。在下一次咨询会谈中，儿童、父母和治疗师会回顾这项技能在家里练习的情况。需要练习的社交技能大部分是由治疗师选择的，但是儿童也应该参与进来。他/她可以写下任何他/她觉得自己需要改善的社交技能。

基本原理

这项技术用来训练不同的社交技能。我们需要指导父母如何使用"社交技能袋"技术，并指导他们每天从技能袋中选取一项社交技能进行练习。很重要的一点是，父母和儿童需要每天三次练习某项技能。儿童练习得越多，这项技能就会发展得越好。如果一个儿童需要加强对某项技能的练习，那么这个技能袋里的技能可以再多练习一周或者更多的时间。我们随时都可以制作新的社交技能袋练习新的社交技能。这项技术也可以做一些改变，比如可以做一个情绪处理袋，我们会更多地关注某一种情绪，比如焦虑，每张技能纸条上会写上处理和表达焦虑的指导方法。和之前的方法相似，儿童可以每天从技能袋中选取一张纸条，练习表达焦虑情绪的方法。

社交技能袋示例

友谊宇宙

主要目标领域	社交技能
次要目标领域	联结
发展水平	青少年
材料	纸、记号笔、铅笔
形式	个体、团体

游戏简介

患有自闭症谱系障碍的青少年在准确定义什么是朋友方面存在困难。一些患有自闭症谱系障碍的青少年会将他们在学校里只交谈过一次的同学当作自己的好朋友。"友谊宇宙"可以帮助青少年学习和理解人际关系的亲疏程度以及友谊的不同标准。这项干预方法让治疗师和青少年有机会讨论其目前生活中的交友情况。此外，它既可以作为一种评估方法也可以干预社交技能的发展。

操作方法

治疗师向青少年解释将做一个游戏来确认他/她目前的交友情况。治疗师和青少年会在一张纸上画一些星球（如后文所示）。青少年在星球系统中最大的圆圈里写下自己的名字。系统中每一个星球都代表青少年生活中不同的朋友。青少年会在最近的星球上写出和自己（在情感上）关系最密切的朋友的名字，那些和他/她关系不是特别亲密的朋友的名字会被写在离他/她的名字更远的星球上。这里的朋友也包括家庭成员。当青少年完成后，治疗师可以根据填写结果与他/她进行交流，例如：这个青少年创作的内容、友情的不同程度以及好朋友和熟人的比较等。治疗师可能不得不花点时间和青少年讨论他们对写下名字的一些人的了解程度以及将好朋友的定义概念化。

基本原理

这项技术注重发展与友情和关系相关的社交技能。我们可以把这项技术分享给父母,这样他们就可以更深入地和孩子讨论友情,并且帮助他们强化这些概念。这项技术不需要用一整周的时间在家里练习。青少年可以和咨询师在下一次咨询会谈中重新进行这个游戏。治疗师也可以定期让青少年重新创建一张友谊宇宙图来了解他/她的友情是否发生了一些变化。

友谊宇宙示例

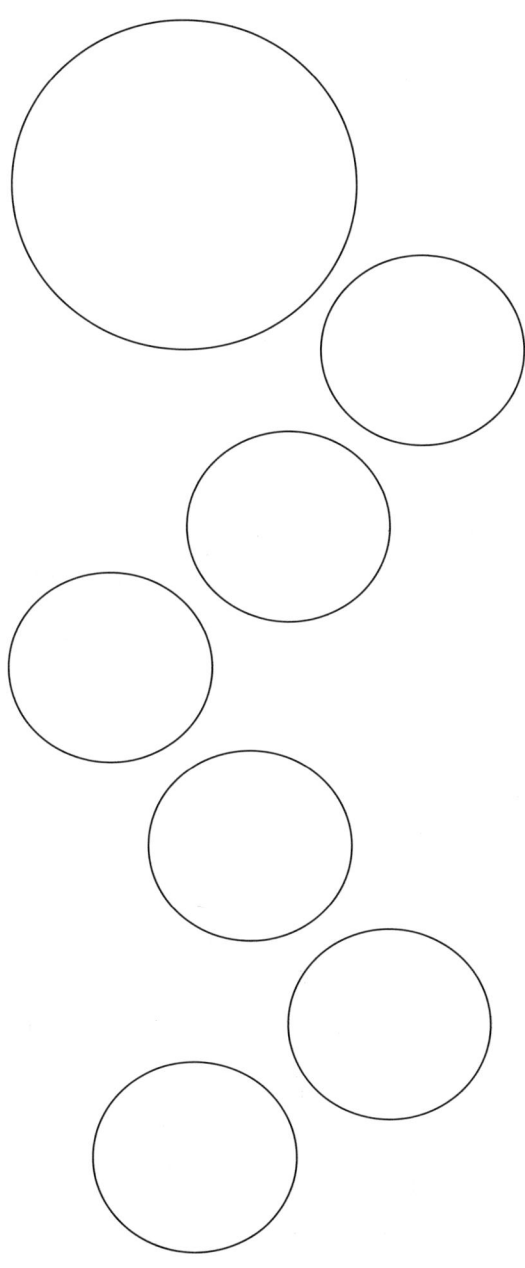

角色扮演

主要目标领域	社交技能
次要目标领域	行为改变
发展水平	儿童和青少年
材料	无
形式	个体、家庭、团体

游戏简介

患有自闭症谱系障碍以及其他发展障碍的儿童和青少年，可以通过在不同情境下进行角色扮演而获益良多。治疗师有能力识别在哪些情境中儿童或者青少年可能需要提高他们的社交技能或者改善行为。角色扮演的内容应该与这个儿童身处的情境，以及他/她在现实生活中确实存在的一些困难的情境相关。角色扮演是一项有趣的、吸引人的游戏，它需要一些道具，以及他人的参与。

操作方法

治疗师会向儿童解释，他们要角色扮演一些情境，这些情境可能是他目前遇到的比较困难的情况。治疗师和儿童将决定在哪种社交情境中进行角色扮演以及在角色扮演过程中需要处理哪些社交技能。一些典型的情境包括：能够辨识出他人做的事情是故意的还是意外发生的；在胜利和失败的时候该如何表现；何时交谈，何时倾听；如何向老师提出一个问题；说"你好"和"再见"；如何回应校园暴力等。单次咨询会谈中需要多次进行角色扮演，重复和练习对于技巧的获取是必不可少的。儿童在角色扮演的环境中能做得越多，他就越有可能在一个真实的情境中，将这些期望行为付诸实践。

基本原理

我们可以用这项技术帮助儿童通过角色扮演的方法来发展社交技能,治疗师和儿童可以用这种方法对各式各样的社交技能进行干预。对于患有自闭症谱系障碍的儿童来说,角色扮演是促进社交技能发展的最好的方法之一。治疗师可以选取任何情境,和孩子通过角色扮演一起完成,内容包括:如何行动、反应,以及如何应对这个情境。在进行角色扮演时,最好避免用隐喻进行工作或者用与孩子遇到的情境相似的例子进行工作;相反,应该直接讨论孩子自身以及在这个情境中他/她应该做什么。我们可以教会家长角色扮演的方法,家长可以和孩子一起在家里进行角色扮演。家长也可以角色扮演任何他们想到的需要关注的情境。患有自闭症谱系障碍的儿童常常需要练习的情境有:在餐厅里的表现,讲礼貌,在车上的表现,如果兄弟姐妹快要把你逼疯了你应该怎么做,做家务等。

常用的角色扮演情境

如何对胜利和失败做出回应

何时交谈和何时倾听

如何向老师提出一个问题

说"你好"和"再见"

在餐厅该如何表现

如何在餐厅点餐

说"请"和"谢谢"

在车里该如何表现

当兄弟姐妹把你气疯的时候,该怎么办

当父母让你去做一些家务的时候,该怎么做

当排队等待时,该怎么做

不同的场合发出不同的声音语调

当理发师为你理发时,该怎么做

当你在医生办公室时,该怎么做

在和他人说话时进行眼神交流

在晚餐的饭桌上该如何表现

如何照顾宠物

如何与其他孩子玩耍

赞扬他人

如何处理同伴压力

理解幽默

友好糖果活动

主要目标领域	社交技能
次要目标领域	联结、行为改变
发展水平	儿童
材料	白纸、铝箔纸、记号笔、装饰物、胶水
形式	个体、家庭、团体

游戏简介

这项干预方法用有趣的、表达性的形式让孩子识别如何向他人表示友好并且练习友好行为。患有自闭症谱系障碍的儿童很难向他人进行积极的表达。这项干预方法可以帮助儿童了解向他人表示友好的行为是什么样的，并且有机会实施这些友好行为。

操作方法

治疗师向儿童解释他们会制作一些游戏糖果，同时学习如何向他人表示友好。治疗师和儿童会在一些小纸条上写下各种各样可以为他人做的，或者对他人表示友好的事情。接着，孩子会用另一些纸或者铝箔纸来创作和装饰他/她的糖果包装纸。这些写着友好行为的小纸条会被放在这些糖果包装纸里（每一张糖果包装纸中装有一张写着友好行为的小纸条），治疗师和儿童可以根据自己的意愿做许多友好糖果，但是至少要做七颗（一周七天，每天使用一颗）。儿童把这些糖果带回家每天拆一颗，在那一天他必须要练习/做糖果里的这件友好的事情。在下一咨询会谈中，儿童要向治疗师反馈他/她是如何实施这些友好行为的。这样的干预方法可以重复多次，既可以创建一些新的友好行为，也可以重复先前的友好行为。治疗师可能不得不对儿童可以做哪些友好行为提出自己的想法，但是也应该询问孩子的想法。如果治疗会谈还剩一些时间，治疗师和儿童可以练习这些友好行为。

基本原理

"友好糖果活动"可以用来促进社交技能发展，尤其是帮助孩子注意他人，并且向他们表示友好。我们可以向父母解释这个游戏方法，父母根据指导每天打开一颗糖果，然后和他们的孩子一起练习这项技能。如果孩子需要持续处理某一项技能，他/她可以在下一周或更长时间做同样的练习。当然我们也可以在治疗过程中或者在家里制作一些新的糖果，从而处理其他社交技能。糖果包装纸中的社交技巧不仅可以是友好的事情，也可以替换成孩子需要发展的任何社交技能。

友好糖果活动示例

我的安全轮

主要目标领域	社交技能
次要目标领域	行为改变
发展水平	儿童和青少年
材料	纸、铅笔
形式	个体、团体

游戏简介

对于患有自闭症谱系障碍和其他发展障碍的儿童来说，学习安全知识是必不可少的。许多有发展问题的儿童容易在多方面成为受害者，并且当处在非安全的情境下时，他们常常不确定该如何保护自己。许多有发展问题的儿童也很难识别非安全情境。这项干预方法视觉化地呈现了安全和非安全的人、事物以及地方，儿童可以把制作的安全轮带回家作为一种提醒。

操作方法

治疗师会向儿童解释，他们将讨论跟安全有关的议题。治疗师和儿童会将一张纸分成八个象限（如后文所示）。这八个象限分别标记为"安全的地方""安全的人""安全的行为""安全的物体""不安全的地方""不安全的人""不安全的行为"和"不安全的物体"。如果儿童愿意，他/她可以为每个象限添加一点装饰。治疗师会让儿童来确定每一象限中的安全/非安全的事物或人。儿童会在每一个恰当的象限中写下安全/非安全的内容。治疗师会和他/她讨论关于安全和非安全的含义。如果儿童不太熟悉什么人或者什么事情是安全的或不安全的，治疗师可能需要为他们提供帮助。治疗师很可能需要在每个象限中增添一些对应的内容，但是儿童需要先写下他们想到的所有内容。治疗师可能不得不花一些时间解释安全和非安全的概念,而且如果儿童在书写技能方面有困难或者不会书写,治疗师可能也需要完成书写的部分。

基本原理

这项技能可以促进与安全相关的社交技能的发展,而且安全轮的内容可能因儿童和青少年两类对象的不同而大不相同。治疗师需要确认这些安全/非安全事件和人涉及的内容足够充分。如果孩子遗漏了一些,治疗师需要把它们添加到对应象限中去。我们可以教会父母这项技术,父母可以定期在家与孩子一起玩安全轮的游戏来强化这些概念。如果孩子可以定期地温习安全轮,并且持续地学习安全/非安全的内容,那么他们可以从中获益良多。

我的安全轮工作表

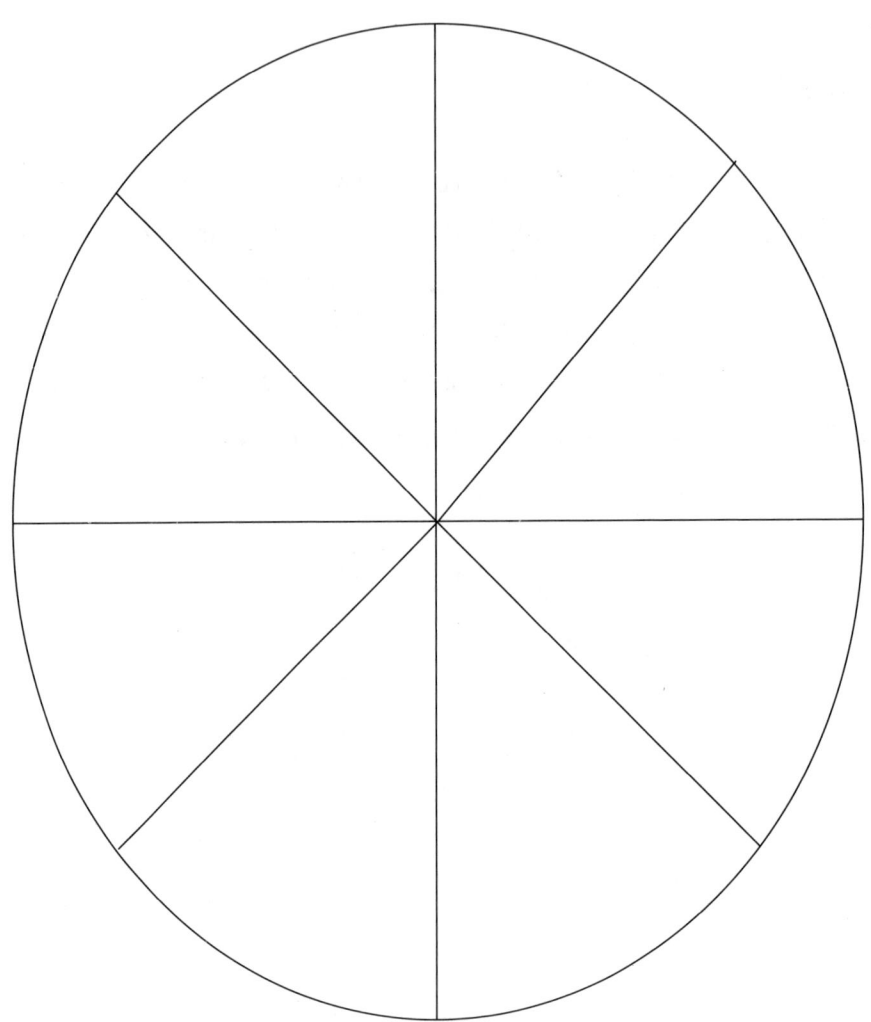

会话泡泡

主要目标领域	社交技能
次要目标领域	行为改变、联结
发展水平	儿童和青少年
材料	会话泡泡记录单、铅笔
形式	个体

游戏简介

"会话泡泡"可以帮助儿童和青少年练习在特定的场合说什么以及怎么说。这也给儿童提供了一份叙述文本,他们可以把记录单带回家帮助他/她记忆在一些交谈中可以说些什么。这项干预方法可以处理一般互动会话技巧,也可以用于处理儿童感到困难的特定会话类型。

操作方法

在使用"会话泡泡记录单"时(如后文所示),治疗师可以在第一个会话泡泡中写下一些内容,开始一段会话。接着,孩子需要在下一个泡泡里写出一个恰当的回应。治疗师会根据儿童写的内容在第三个泡泡中做出回应。这样持续到出现一个适当的结尾。当会话结束后,治疗师需要和儿童一起回顾整个会话过程,并且讨论他/她在这个会话过程中的感受如何、有哪些地方可以做得更好。然后,治疗师和儿童可以开始一段新的会话,且这次会话让儿童先开始。在会话过程中,如果儿童很难给出回应,治疗师可以举一些恰当的例子来帮助他。会话的内容可以是任何内容,而如果会话内容涉及儿童现实生活中确实遇到困难的情景,这将对他非常有帮助。治疗师可以这样开始一段对话:"你好,我的名字叫罗伯特。"或者"你知道学校会在两周内开学吗?"或者

"你好,需要我帮你在图书馆里找一些书吗?"

基本原理

这项技能可以促进与交互会话相关的社交技能的发展,它同样可以处理精细运动技能和书写技能。如果治疗师和儿童愿意,他们可以一起完成足够多的涉及各种各样主题的"会话泡泡"。父母也可以通过练习学会这项技能,并且得到一份"会话泡泡记录单"的复印件,定期和孩子在家里进行练习,尤其是练习那些儿童经历过,但是进展不太顺利的会话情境。

会话泡泡记录单

如何说？如何做？

主要目标领域	社交技能
次要目标领域	行为改变、情绪调节
发展水平	儿童和青少年
材料	索引卡片、铅笔
形式	个体

游戏简介

对患有自闭症谱系障碍的儿童和青少年来说，最主要的问题之一在于他们无法参与到社会情境中，或者对社会情境做出回应。这项干预方法为儿童和青少年提供了讨论和练习多方面需要改善的社交技能的机会。治疗师可以为孩子定制个性化的干预方法，并且处理一些已知的、特定的、对孩子来说具有挑战性的情境。

操作方法

治疗师会向儿童解释他们将针对如何在各类不同的社会情境中做出回应开展一些工作。治疗师可以在索引卡片上写下一些简短的故事场景（这需要在治疗会谈开始前完成）。治疗师会向儿童讲述其中一个故事，儿童需要根据这个故事回答 1~2 个问题，例如："你会怎么说呢？""你会怎么做呢？"这些故事场景应该聚焦于与儿童生活相关的情境，比如"有一天，一个叫丹尼尔的男孩（丹尼尔是这个来访者的名字）正沿着街道走。一个年长的儿童冲撞了丹尼尔并且告诉他，他需要抽一根烟"（这是来访儿童在现实中遇到但处理不好的场景）。儿童需要回答在这样的情境下他会怎么做，或者他可以怎么说。治疗师会指出那些不恰当的反应或者行为，并且帮助儿童学习一些适合做的事情和适合说的话。治疗师和儿童需要一起完成多个故事并且讨论儿童的反应。如果儿童很难给出回应，治疗师可以和儿童一起学习恰当的回应。

基本原理

这项干预技巧可以处理一系列的社交技能，治疗师可以用这项干预中创作的故事对人际互动、情感反应以及联结要素进行工作。治疗师需要在治疗会谈开始前编写几个故事。在多次使用这项技术后，治疗师可以询问儿童是否想要自己写一些故事。这项技术还可以增加一些内容，例如，把这个故事读给儿童听后，我们可以用角色扮演的方法演绎这个场景，把他/她可以说什么或者做什么演出来。我们也可以教会家长这项技术，让家长在家里定期和孩子练习。

泡泡社交技能

主要目标领域	社交技能
次要目标领域	联结
发展水平	儿童
材料	泡泡
形式	个体

游戏简介

孩子常常需要重复练习一些缺乏的技能，从而习得这些技能并运用在真实的情境中。这项干预方法运用泡泡帮助孩子去练习一些需要改善的社交技能。通过吹泡泡的过程来创造一些不同的社交范本或者情境。这项干预方法是从《更多针对困难儿童和青年的创造性干预方案》（*More Creative Interventions for Troubled Children & Youth*）中 Liana Lowenstein 的"泡泡"技术改编而来的。

操作方法

治疗师会向儿童解释，他们要通过吹泡泡来提高社交技能。治疗师会先用泡泡创造一个练习范本。治疗师把这个范本念给儿童听，并且告诉他们，他们需要通过吹泡泡来练习实施这个范本。示例如下。

- 自我介绍、轮流以及分享。治疗师和儿童轮流吹泡泡，每个人轮流吹一次泡泡。治疗师可以先开始吹泡泡，接着儿童说："你好，我的名字是＿＿＿＿，我可以吹泡泡吗？"治疗师说："我可以和你分享。"并把泡泡递给儿童。儿童说"谢谢"，治疗师说"不用谢"。接着，儿童吹一次泡泡，重复上述活动。治疗师和儿童可以多次练习范本内容直至掌握。

- 告诉其他人一些你不喜欢的事情，并且听他们诉说一些他们不喜欢的事情。儿童吹泡泡；接着治疗师说："我不喜欢泡泡，请不要把它们吹到我身边来。"儿童说："对不起，我去那边吹泡泡。"然后治疗师说："谢谢。"

基本原理

这项技术可以促进多项社交技能的发展。我们也可以教会家长"泡泡社交技能"，让他们和孩子进行练习。我们会鼓励家长和儿童在家玩"泡泡社交技能"游戏，从而训练各种各样的技能。治疗师可能需要编写几个不同的范本，把这些范本教给家长，并保证这些范本内容是儿童需要去应对的情境。

泡泡社交技能示例

社交砖块路

主要目标领域	社交技能
次要目标领域	行为改变
发展水平	儿童和青少年
材料	纸、记号笔、索引卡片、糖果
形式	个体

游戏简介

"社交砖块路"是以一种有趣的、创造性的方法帮助儿童和青少年处理他们任何存在困难的社交技能。治疗师可以用这项干预方法锻炼一些特定的技能，或者重复这个游戏来锻炼一些新的技能。在干预的最后可以提供一些小奖励提高儿童参与的积极性。

操作方法

治疗师和儿童会用 5~7 张纸，并在纸上画上砖块的图案。接着，治疗师和儿童会讨论一些儿童进展不顺利的社交情景，并把它们写在砖块纸的背面。治疗师和儿童会讨论与每个社交场景相适应的社交技能、恰当的反应和对答，并把它们写在对应的砖块纸背面。然后，治疗师把这些砖块纸放在游戏室的地面上，以从开始到结束的顺序进行摆放。治疗师指导儿童从起始砖块开始，捡起它，并且读出这个社交技能问题，以及对应的改善建议。然后治疗师和儿童进行角色扮演，在情境中恰当地运用这项社交技能。接下来，儿童走到第二块砖块上，重复上述过程直到他/她到达最后一块砖块，并且获得一个他/她的糖果奖励（或者其他类型的奖励）。

基本原理

　　这项技术可以促进多项社交技能的发展。治疗师选择的这些技能是儿童在目前的现实情境中进展不顺利，且需要改善的社交技能。我们也可以加入新的社交技能砖块，多次进行练习。我们可以教会父母这项技术，并且鼓励他们和孩子在家里多次进行游戏。这条砖块路最后的奖励必须是儿童想要得到的东西，比如一张贴纸、一块糖果或者一个小玩具。在考虑用糖果或者任何其他食物作为奖励时，治疗师必须先询问家长，儿童是否对这些食物过敏或者有一些特殊饮食习惯。

社交砖块路示例

分工合作

主要目标领域	社交技能
次要目标领域	联结
发展水平	儿童和青少年
材料	气球
形式	个体、家庭、团体

游戏简介

患有自闭症谱系障碍的儿童和青少年以及其他发展障碍的儿童常常很难与别人合作或者成为团队中的一员。这项干预方法注重教导儿童和青少年如何关注他人并通过与他人合作完成一项任务。这项干预在有趣的体验式游戏方法中融入了团队合作的概念。

操作方法

治疗师会向儿童解释他们将玩一个游戏，并且他/她需要把注意力放在团队合作上。治疗师和儿童会分别在游戏室里选择一块区域站好。治疗师向儿童解释他们可以站在这个房间的任何区域并把脚放在任何地方。但是一旦站好后，他们必须假装自己的脚粘在了地板上，不能再移动了。治疗师和儿童会在空中来回地击打气球，并且在不移动脚的情况下，试着让气球不落地。治疗师需要花一些时间和儿童探讨合作和团体协作的概念，而游戏获胜的唯一秘诀就是互相关注且团队合作。治疗师和儿童也可以制订战略并规划每个人所站的位置，以便可以占据更大的游戏室空间。如果气球掉在地上，治疗师和儿童可以决定站在不同的地方重新开始游戏，看看他们是否可以让气球在空中停留更长的时间。这项干预方法同样可以促进儿童理解个人空间、自我控制以及自我调整等概念。

基本原理

这项技术可以促进发展与团队合作和与他人合作完成任务相关的社交技能,也能够进一步地促进对自己身体的觉察。治疗师和儿童必须合作,才能让气球不掉在地上。治疗师和儿童也必须一起合作决定他们站在哪里才可以占据游戏室里更大的空间,并且讨论如何才能让气球尽可能不落地。这项干预方法也可以通过小组的形式进行,可以教会父母在家里和孩子一起做游戏,其他家庭成员也可以参与。

分工合作示例

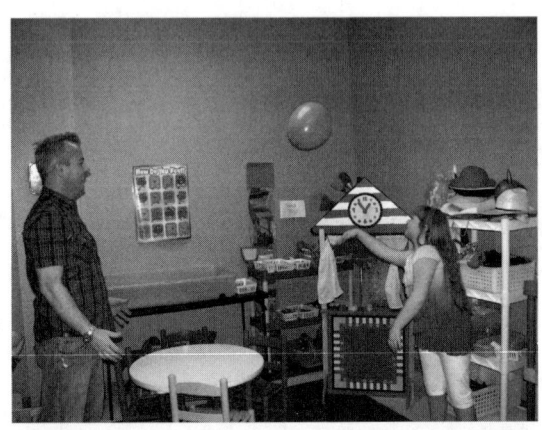

摆造型

主要目标领域	社交技能
次要目标领域	情绪调节、联结
发展水平	儿童和青少年
材料	镜子
形式	个体

游戏简介

患有自闭症谱系障碍的儿童和青少年常常很难理解自己的身体，也很难理解在不同社交情景下他人的肢体语言。这项干预方法注重指导儿童和青少年关注自己的情绪、肢体语言以及身体反应。它同样能帮助儿童理解如何辨识他人的肢体语言。

操作方法

治疗师会向儿童解释，他们将训练肢体语言技能。治疗师会创造出一系列不同的造型列表，然后治疗师和儿童要将列表内容表演出来。每一种造型都意味着一种不同的肢体语言或者面部表情。治疗师和儿童依次从这个列表上选择一个造型，并且在镜子前完成，这样他们就能在镜子中看见自己。当儿童在展示造型时，治疗师可以指出他的肢体语言的不同组成部分，这个造型的意义以及代表什么，并且给出一些例子来说明在什么场合使用这些肢体语言是合适的或者不合适的。治疗师也可以通过增加一些小道具，比如假发、帽子或者装扮衣服（道具服），让这项干预游戏更有吸引力。治疗师应该和孩子共同完成几项动作，然后在每次治疗会谈中重复这项干预方法。这些造型可能是开心的或者悲伤的、友好的或者不友好的。例如"让我一个人待着"的姿势、"我想要去玩"的姿势、疲惫的姿势、困惑的姿势、自豪的姿势、兴奋的姿势、平常的姿势、害怕的姿势、感到平静的姿势，以及失控的姿势等。

基本原理

"摆造型"干预方法可以促进儿童和青少年改善社交技能，尤其是与他们的肢体语言相关的社交技能。许多患有自闭症谱系障碍的儿童在大部分时间会表现出"单调性"，很难改变肢体语言以及识别他人的肢体语言。我们需要指导父母学习这项干预方法并在家中进行干预，也鼓励他们定期和孩子玩这个游戏，并关注在现实情境下儿童表现出的任何肢体语言的变化。

摆造型示例

第七章 联结干预方法

跟我做

主要目标领域	联结（关系发展）
次要目标领域	感觉处理、社交技能、焦虑感减轻
发展水平	儿童
材料	无
形式	个体、家庭、团体

游戏简介

"跟我做"可以增进对他人的觉察，增强与他人的联结，改善放松的能力并且处理一些与感觉相关的问题（尤其是前庭觉和本体感觉）。这项干预方法非常容易且吸引人，同时包含很多元素，可以重复进行，也很容易教给其他人。

操作方法

治疗师向儿童解释，他们要玩一个游戏。在这个游戏中他们必须模仿另一个人的行为。儿童和治疗师面对面站好，其中一位被任命为领导者。领导者会做出各种各样的行为，比如把手臂举起来，又放下；移动双腿或者将头前后摇动等。跟随者必须在领导者行动的同一时间模仿他的行为（就像一面镜子一样）。治疗师先担任领导者，一段时间后儿童也可以成为领导者。治疗师和儿童可以来回交换领导者的角色，所做的行为也可以在复杂程度和速度方面有一些变化（减速或者加速）。为了降低儿童的焦虑感且让他们感到放松，治疗师可以在过程中加入一些中线穿越动作（midline crossing move），这类动作可以激活整个大脑以及大脑左右半球的交互功能。我们可以在 Paul 和 Gail Dennison 的《健脑操》（*Brain Gym*）中找到一些中线穿越动作。

基本原理

　　这项技术可以用来提高联结和人际关系的发展，也能锻炼诸如眼神交流、与他人协调等社交技能。同时，这也是一项基于大脑功能的游戏技术，可以帮助儿童调节和降低焦虑感。我们可以重复使用这项技术并且交换领导者的角色。治疗师需要从较慢的、简单的动作开始，可以随着儿童逐渐熟悉这项技术而慢慢增加难度。治疗师也需要在动作中融入中线穿越动作，这些动作可以促进前庭和本体感觉处理。我们可以教会父母这项技术，并且鼓励他们和孩子在家中进行练习。

跟我做示例

跟随我的眼睛

主要目标领域	联结（关系发展）
次要目标领域	社交技能、焦虑感减轻
发展水平	儿童
材料	无
形式	个体、团体

游戏简介

患有自闭症谱系障碍的儿童常常很难与他人进行眼神交流，也很难将注意力集中在他人身上。通常实施这种类型的技术时，会让儿童产生一定的焦虑感。这项干预使用一个有趣的、吸引人的方法帮助儿童训练与联结相关的社交技能，同时也能降低焦虑感。

操作方法

治疗师会向儿童解释，他们将玩一个游戏，这个游戏可以帮助他/她增加与他人的眼神交流。治疗师和儿童手拉手、面对面站好，其中一人作为领导者（治疗师先当领导者）。领导者用眼神示意两个人将在房间里移动的方向。在游戏过程中，治疗师和儿童不能说话、必须保持眼神交流，同时保持手拉手。治疗师需要确定向右看还是向左看，这意味着要向对应的方向移动，向上看对儿童来说意味着往后退，而向下看对儿童来说意味着向前进。大约进行 5 分钟后，两人互换角色，儿童作为领导者。治疗师和儿童可以互换领导者的身份重复玩这个游戏。

基本原理

这项技术可以促进联结和人际关系的发展,也可以提高眼神接触、注意力和专注力,以及与他人协调的能力等。治疗师应该先担任领导者,并且从简单的、缓慢的动作开始。随着儿童对这项技术越来越熟练,可以增加动作的速度和复杂性。治疗师需要提醒儿童保持眼神交流,并且持续地握住双手。我们可以教会父母这项干预方法,并且指导他们在家里和孩子练习,这样的干预方法也可以以小组的形式进行。

跟随我的眼睛示例

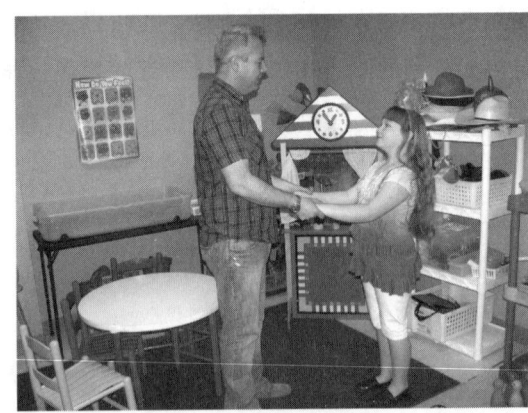

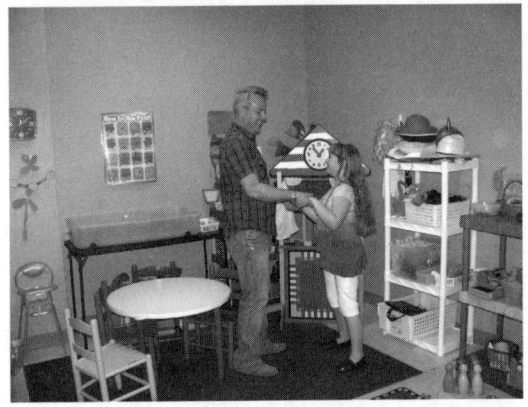

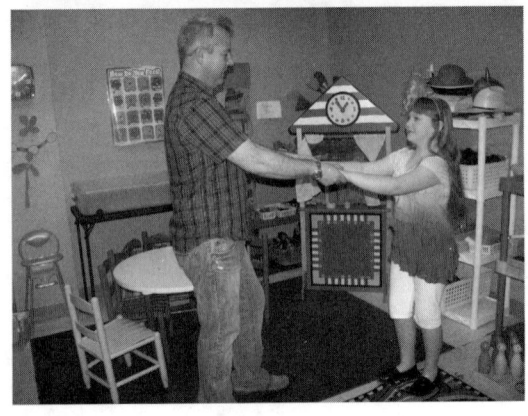

身体泡泡

主要目标领域	联结（关系发展）
次要目标领域	社交技能、焦虑感减轻
发展水平	儿童
材料	泡泡
形式	个体

游戏简介

患有自闭症谱系障碍的儿童常常很难加入游戏或与他人一起游戏。这项干预方法运用泡泡和儿童产生互动，并且在有趣的游戏中增加儿童的注意力和专注力。这项方法同样可以促进儿童获得联结技能。这项干预方案可以让低功能的儿童或者在听指挥以及与他人协调方面存在困难的儿童获益良多。

操作方法

治疗师向儿童解释，他们会一起用泡泡来玩一个游戏。治疗师先开始吹泡泡，并且指导儿童必须在泡泡落地前打破泡泡。游戏进行几分钟后，治疗师告诉儿童，他/她在泡泡落地之前需要用他/她身体特定的某个部位打破泡泡。例如，治疗师可以指导儿童用他/她的大拇指打破泡泡。在用这样的方式打破泡泡一段时间后，治疗师可以指导儿童用他/她的肘关节打破泡泡。这个游戏可以持续玩几轮。我们也可以用一些其他身体部位，例如手指、耳朵、鼻子、脚、肩膀，膝盖和头等打破泡泡。治疗师和儿童可以互换角色，并由儿童决定用身体的哪个部位打破泡泡。

基本原理

"身体泡泡"可以促进成人与儿童的互动,同时帮助儿童建立联结和关系发展的技能。它也能帮助儿童学习如何与他人协调和游戏。我们可以在这项技术中添加一个额外的元素,就是当他/她试着打破所有泡泡的时候说出与某一家庭成员相关的积极事件。这项干预方法可以从最基础、最简单的吹泡泡,让孩子打破泡泡开始;当孩子有能力完成这个任务之后,可以添加更多特定的要求。我们可以把这项技能教给父母,让父母和孩子在家里进行练习。其他家庭成员,例如一位年长的哥哥,同样可以学习这项方法,和孩子在家里玩这个游戏。

身体泡泡示例

家族姓氏

主要目标领域	联结（关系发展）
次要目标领域	社交技能、行为改变
发展水平	儿童和青少年
材料	纸、记号笔、艺术装饰品、胶水
形式	个体、家庭

游戏简介

拥有一个患有自闭症谱系障碍的孩子，父母常常会感到很难与孩子进行联结，并且产生一些有意义的关系。这项干预方法可以为孩子提供机会去练习思考和表达与家庭成员的联结。父母同样可以参与到这项干预方案中，和孩子建立起一种积极的互动。

操作方法

治疗师向儿童解释，他们将创造一件可以描述他／她的家庭的艺术作品。治疗师和儿童会在一张纸上，用泡泡字体写出这个孩子的姓氏（对于更年幼或者损伤更严重的儿童，治疗师可能需要帮助儿童写出他／她的姓氏）。接着，儿童可以装饰自己的姓氏，装饰物可以让他／她回想起自己的家庭。治疗师可以和儿童一起讨论他／她正在创造什么，这如何让他／她想到了自己的家庭。儿童可以把完成的姓氏带回家，放在自己的房间里，或者挂在房间的某个地方。我们也会教父母在家里实施这项干预，并且指导他们在家里和孩子一起创作更多的家庭名字。整个家庭都可以参与进来，每个人都可以分享并且讨论他们的创作。

基本原理

"家族姓氏"对于联结和人际关系的发展有一定的意义,尤其是和父母或者其他家庭成员的关系。这个游戏可以帮助儿童对自己的家庭产生一些思考,并且创造一些东西来表达与自己的家庭有所联结带给他/她的感受。这项技术也可以提高与为他人着想或者关注他人相关的社交技能。孩子创造的一些东西是他/她的家庭联结的具象化代表,其他家庭成员看到它时也会有一种积极的感觉。父母和孩子可以在家里重复玩这个游戏。所有已装饰的名字可以摆放在家里的某个地方进行展示。

家族姓氏示例

纸艺装饰

主要目标领域	联结（关系发展）
次要目标领域	感知处理
发展水平	儿童和青少年
材料	图画纸、细线、艺术装饰品、剪刀、胶水
形式	个体、家庭、团体

游戏简介

患有自闭症谱系障碍的儿童和青少年常常很难向他人表露或者表达关心。这项干预方法可以帮助儿童关注如何为他人考虑以及为他人做一些友好的事情。它同样提供了锻炼精细运动能力和提高感觉处理技能的机会。

操作方法

治疗师向儿童解释，他们将用图画纸为对方做一些东西。干预过程中治疗师和儿童可以运用图画纸、细线、铝箔纸以及其他一些合适的材料为对方制作一件物品。这件物品必须有装饰性，对方可以穿戴，比如耳环、帽子、项链、手链、杯子、皇冠、领带、皮带及胸针等。做好后，制作者需要为对方穿戴在身上。治疗师和儿童可以为彼此做多个物品，并彻彻底底地将对方打扮一番。直到治疗师和儿童完成了每一样他们想为对方制作的东西后，游戏停止。在制作的时候最好提供一面镜子，可以让儿童看到治疗师为他/她穿戴的不同饰品。

基本原理

这项技术可以促进联结技能和人际关系的发展，尤其是为他人考虑、与他人协调，以及为他人做一些友好的事情的技能。过程中最重要的是互动；治疗师应该做几样物品，并为孩子穿戴，而孩子也需要制作几样东西为治疗师穿戴。父母也可以学习这项技术，在两次治疗之间和孩子在家里多次进行游戏。我们也鼓励家长让更多的家庭成员加入进来，与孩子一起游戏。

纸艺装饰示例

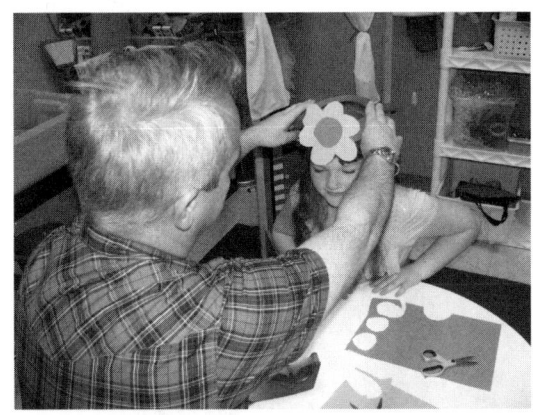

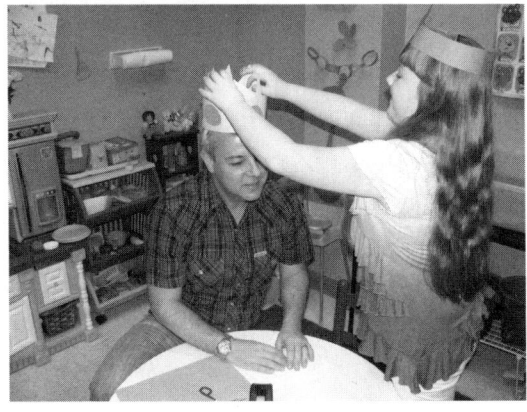

我身边的人

主要目标领域	联结（关系发展）
次要目标领域	社交技能
发展水平	儿童和青少年
材料	微缩模型
形式	个体

游戏简介

"我身边的人"是一项用以促进儿童思考，或者向他们的家庭成员表达积极情绪的干预方案。在这项方案中存在象征的部分，我们会要求儿童选择一些微缩模型来代表他／她家庭中的每个成员。我们需要注意，许多患有自闭症谱系障碍的儿童常常很难理解象征。在实施这项干预之前，治疗师必须意识到这一点，并关注这个儿童是否具备理解象征的能力。

操作方法

治疗师会向儿童解释，他们要玩一个使用微缩模型的游戏。儿童会选择一个微缩模型来代表他／她家庭中的某个人。儿童坐在地板上将这些模型摆放在自己周围，并且每一个模型都面向儿童。接着，儿童按顺序依次面对每一个模型，并告诉治疗师这个模型代表哪个家庭成员，以及关于这个人的一些积极的方面。治疗师可以对每一个家庭成员提出一些问题，并尝试让儿童对每个家庭成员进行详细的描述。

基本原理

这项技术可以训练联结和关系发展的技能,尤其是与家庭成员的关系。当儿童在分享某个特定的家庭成员的信息时,治疗师需要对这个家庭成员进行提问,这点很重要。许多孩子可能不会分享很多和这个成员相关的信息,所以治疗师的提问就极为重要。这项技术可以由治疗师在治疗的不同阶段中重复多次进行。我们可以向父母分享这项技术,但是不要期望可以在家里进行。很多儿童家里并没有足够多的微缩模型。但是父母在家时可以将此方法做一些调整,他们可以让孩子画一些代表家庭成员的画像,然后分享他／她的画作,并讨论这些家庭成员。

我身边的人示例

温柔的触碰

主要目标领域	联结（关系发展）
次要目标领域	感觉处理
发展水平	儿童
材料	一些柔软的物品
形式	个体

游戏简介

患有自闭症谱系障碍的儿童常常很难接受身体接触。温柔的触碰可以促进儿童通过物理接触，对于联结感到更加舒适。这项干预方法也可以干预与触碰相关的感觉处理问题。在干预开始前，治疗师必须充分地向儿童解释这项干预方法，尤其是必须确认儿童对闭上眼睛体验触碰是感到舒适的。治疗师可以在自己身上演示游戏过程，帮助儿童理解将发生什么。

操作方法

治疗师会向儿童解释他们将使用很多不同的柔软的物品玩一个游戏，这些柔软的物品会触碰到彼此的肌肤。治疗师可以指导儿童先闭上眼睛，然后，治疗师用一个柔软的物品触碰儿童的局部皮肤（在游戏开始前，我们必须让孩子看到所有可能会触碰他/她的柔软的物品）。接着治疗师让儿童睁开眼睛，儿童此时需要告诉治疗师，刚才是什么物品碰了他/她，并碰了他/她哪里的皮肤？治疗师会使用5~6件柔软的物品。当所有的物品都触碰过后，治疗师和儿童可以互换角色。柔软的物品包括羽毛、棉球、纸巾、小片材料、吸管刷、油画刷、毛绒动物、一些绸带等。

基本原理

这项技术可以促进联结技能和关系的发展,尤其是帮助儿童对被触碰逐渐感到舒适。我们可以选择一些新的物品重复玩这个游戏。几轮之后,治疗师和儿童可以互换角色。治疗师要尽可能多地想出可以运用在游戏中的柔软物品。我们可以教会父母这项技术,并指导他们在家里和孩子一起使用这项技术。无论是治疗师在治疗中,还是父母在家中,实施这项干预最重要的一点就是要对儿童的舒适程度保持敏感。

温柔的触碰示例

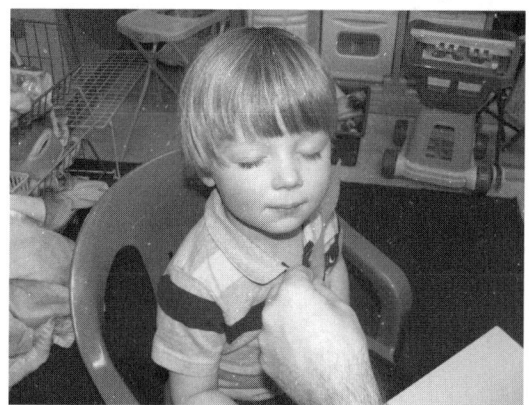

糖果花花公子

主要目标领域	联结（关系发展）
次要目标领域	社交技能、焦虑感减轻
发展水平	儿童
材料	糖果
模式	个体、团体

简介

患有自闭症谱系障碍的儿童常常难以觉察自己的身体与他人的关系。"糖果花花公子"这项干预方案更多地关注联结和感觉处理问题，这可以促进儿童对自己、周围的空间以及他人有更多的觉察。我们用糖果作为游戏奖励激发孩子参与游戏的积极性。治疗师需要确保儿童可以吃糖果，并且对饮食方面没有特殊的限制。如果孩子不能吃糖果，我们可以用一些诸如贴纸或小玩具的物品来代替，只要是孩子喜欢的东西即可。

操作方法

治疗师向儿童解释他们将玩几个游戏，并且儿童有机会获得一块糖果作为奖励。治疗师会选择孩子最喜欢的糖果中的一种，比如巧克力豆。（选择糖果时，最好选一盒很多颗的糖果。）治疗师指导儿童做不同的动作，且在每个动作完成后儿童都会得到一块糖果。每个动作都很短且关注与他人的联结。这些动作包括：绕着圈旋转，给自己一个紧紧的拥抱，做一些跳跃运动，像一架飞机一样在房间里飞来飞去，弯腰去碰脚趾，用身体做出一个你最喜欢的动物的样子，手拉手在房间里旋转，玩拍手游戏，玩捉人游戏，在房间里蹦跳，把自己卷成一个球等。我们会举一些可以用于这项干预方法的动作的例子。

基本原理

这项技术主要用于联结、关系发展、身体觉察,以及前庭和本体感觉处理。选择巧克力豆或彩虹糖之类的糖果很重要,这样就可以在每一个动作完成后给孩子作为奖励。有些动作很快就能完成。如果孩子很喜欢某一个动作,治疗师可以让孩子重复做。我们可以教会父母在家中玩这个游戏,指导他们定期对孩子实施这项干预。

糖果花花公子活动示例

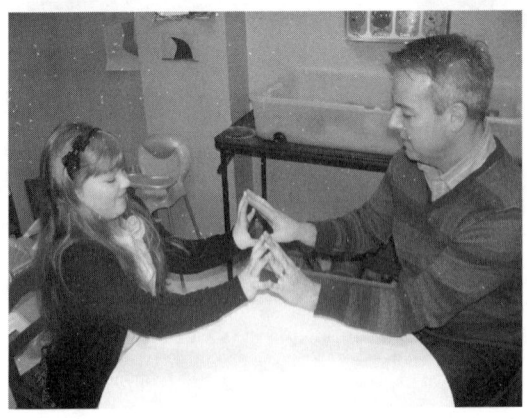

握手

拥抱

眼神接触十秒

击掌两次

拍背

玩拍手游戏

拇指大战

涂指甲油

梳头发

来回扔球

彼此赞美

一起作画

为对方涂护手霜

做一次手部按摩

来回击打气球

玩叠手游戏

吹泡泡

一起唱首歌

一起跳舞

问对方一个问题

为对方做一些东西

帽子和面具

主要目标领域	联结（关系发展）
次要目标领域	社交技能
发展水平	儿童
材料	各式各样的帽子和面具
形式	个体

游戏简介

"帽子和面具"对患有自闭症谱系障碍和其他发展障碍的儿童来说是一项有趣、吸引人的干预方法。它涵盖许多互动元素，可以帮助儿童改善关系、提高联结能力，同时改善对他人的关注力。它同样能促进社交技能发展以及提高共同注意技能。

操作方法

治疗师会向儿童解释，他们将用许多不同的帽子和面具来玩一个游戏。这项干预方案常常在游戏治疗室里进行，但只要治疗师能够提供一些帽子和面具，并且有一面镜子，这个游戏就可以在任何环境下进行。治疗师会向儿童展示他可以挑选的不同的帽子和面具，儿童和治疗师可以轮流为对方戴上不同的帽子和面具，然后看看镜子里的自己是什么样的。治疗师和儿童各自选择希望对方佩戴的帽子和面具，并为对方戴上。这里很重要的一点是为对方戴上帽子和面具，这个过程可以改善与他人联结的技能。同样重要的是旁边需要有一面镜子，当戴上帽子和面具之后，儿童可以从镜子里看到自己。治疗师和儿童可以多次进行这项游戏，为对方佩戴不同的帽子和面具。我们也可以拓展这个干预方法，在游戏室里寻找可以当作帽子和面具的物品进行游戏。

基本原理

　　这项技术可以促进联结和关系发展技能，尤其是与他人协调，或者与他人互动的能力的发展。这个游戏特别强调互动性，治疗师会为儿童佩戴帽子和面具，儿童也会为治疗师戴上帽子和面具。这为他们提供了一个关注他人的机会，也为眼神交流和共同注意提供了机会。我们需要教会父母这项技术。父母需要在一整周的时间里和孩子一起多次运用这项技术。如果父母没有收集一系列的帽子和面具，他们可以对这个干预方法进行调整，把家里的其他物品当作帽子和面具进行游戏。

帽子和面具示例

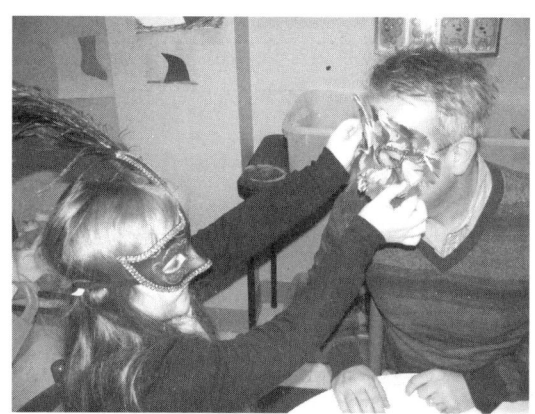

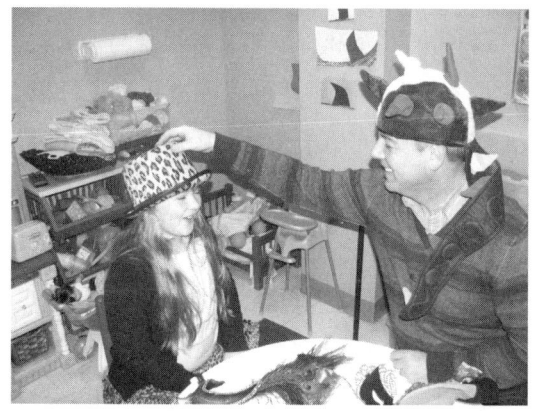

和我聊聊你的家庭（沙盘游戏）

主要目标领域	联结（关系发展）
次要目标领域	社交技能
发展水平	儿童和青少年
材料	沙盘、微缩模型
形式	个体

游戏简介

患有自闭症谱系障碍的儿童和青少年常常很难与他人甚至自己的家人建立联结。"和我聊聊你的家庭"沙盘游戏可以促进儿童进行积极的表达以及与家庭成员的联结。治疗师必须在实施干预之前确认儿童对干预过程中涉及的象征性（儿童可以选择各种微缩模型代表他/她的家庭成员），以及对沙子的触感是感到舒适的。

操作方法

治疗师向儿童解释，他们将用沙盘来完成一项活动。治疗师必须保证儿童对在沙盘中完成这项活动感到舒适。治疗师指导儿童选择一个微缩模型代表他/她家庭中的某个人，并且把这个微缩模型放入沙盘中。当儿童完成后，治疗师可以邀请儿童说出这个微缩模型是谁，并且谈论与这个家庭成员有关的一些事情。治疗师同样可以对这些家庭成员的情况进行提问。治疗师也可以帮助儿童选择微缩模型，并且帮助儿童谈论他/她的家庭成员。如果儿童在选择微缩模型方面存在困难，那么治疗师可以问这样一些问题："你的妈妈喜欢做什么？""你的兄弟喜欢电脑吗？"接着，治疗师可以帮助儿童根据他/她的回答来选择一些微缩模型。在儿童完成后，治疗师和儿童需要讨论这个沙盘作品，治疗师会为这个沙盘作品拍照。儿童可以把这张照片带回家，和他/她的家庭成员分享。

基本原理

这项技术用以促进联结和关系发展，尤其是儿童与家庭成员之间关系的发展。治疗师可以在不同的治疗阶段多次使用这项技术。这项技术不太可能教给家长在家庭中实施。因为很多家庭没有沙盘和微缩模型。儿童可以把照片带回家，并且和他/她的家庭分享。

和我聊聊你的家庭示例

创作与演绎

主要目标领域	联结（关系发展）
次要目标领域	感觉处理
发展水平	儿童和青少年
材料	纸、记号笔
形式	个体

游戏简介

"创作与演绎"是一项涉及感觉处理和关系发展的干预方法，我们设计这项干预方法来帮助儿童与他人进行一些身体接触，它也可以针对以下七种感觉进行干预：视觉，嗅觉，味觉，听觉，触觉，前庭觉和本体觉。

操作方法

治疗师会向儿童解释，他们将创作并且一起表演一首诗。这首诗关注七种感觉处理区域。开始时，治疗师会简单地解释这七种感觉处理区域。接着，治疗师和儿童一起创作一首七行诗，每一行诗代表一种不同的感觉经历。治疗师和儿童把这首诗写下来，并且根据每一行诗的内容设计一些动作。这些动作必须使儿童和治疗师在身体上有一些接触。在我们完成这首诗，并且决定了对应的动作后，治疗师和儿童可以一起读出这首诗，并且同时做出对应的行为。

诗的内容范本如下：我看见……我听见……我闻到……我尝到……我感觉……我移动……我的身体……

基本原理

这项技术通过让儿童和治疗师一起创作诗歌，并做出对应的动作来促进联结和关系发展。这项技术也可以训练七种不同的感觉处理。我们也可以将此方法教给父母，让他们与孩子在家中练习。父母和孩子可以在家中创作一些不同的表达感觉的诗歌。但重要的是，根据诗歌创造出的动作，必须让儿童和治疗师或者父母在身体上有接触。这项干预方法涉及一系列的身体接触，所以治疗师在实施干预之前，必须确保儿童对这样的生理接触感到舒适。

你、我和乐高积木

主要目标领域	联结（关系发展）
次要目标领域	社交技能
发展水平	儿童和青少年
材料	一些乐高积木
形式	个体、团体

游戏简介

许多患有自闭症谱系障碍和其他发展障碍的儿童和青少年会对玩乐高积木表现出积极的反应。这项干预方法结合了乐高积木，让儿童有机会关注他/她的家庭成员并且练习与他人一起完成任务。

操作方法

治疗师会向儿童解释，他们将用乐高一起完成一项活动。首先，治疗师和儿童可以各自选一些乐高积木进行搭建。治疗师指导儿童，无论他/她想要搭建的是什么，都必须是家里可以找到的东西。治疗师也搭建一个在家里可以找到的东西。当治疗师和儿童完成后，每个人需要分享他/她的作品。接着，治疗师指导儿童一起把各自搭建的物品组合成一个整体。这个组合后的新的物品也是可以在家里找到的。在合成拼搭的过程中，可以运用更多的乐高积木。完成后，治疗师和儿童可以各自讲述他们一起组合拼搭的是什么，以及讨论合作搭建积木的过程。

基本原理

"你、我和乐高积木"这项干预方法可以提高与合作相关，以及与他人一起完成任务相关的联结和社交技能。治疗师需要有足够的乐高积木实施这项技术，而且治疗师需要将个人创作时间限制在 10~15 分钟。干预中很重要的一点是治疗师和儿童将他们各自的作品组合在一起。治疗师不应该自己完成所有的任务，也不应该让儿童独自完成所有的任务，这是一项需要合作的干预方法。治疗师需要花一点时间和儿童讨论与他人一起工作时的感受，和他人分享以及实施他/她的想法的感受。治疗师应该询问儿童在他/她的生活中，在需要和他人合作完成一些事情时，他/她的感受如何。

你、我和乐高积木示例

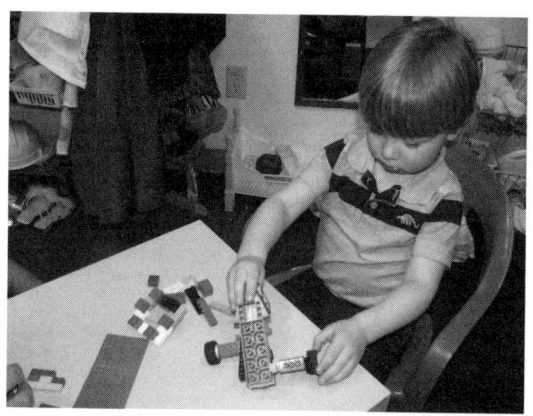

家庭泡泡

主要目标领域	联结（关系发展）
次要目标领域	社交技能
发展水平	儿童和青少年
材料	无
形式	家庭、团体

游戏简介

儿童、青少年和他们的家庭成员常常需要努力建立良好的关系联结，尤其是参与到积极的互动中。"家庭泡泡"干预通过让所有的家庭成员一起参与一个有趣的互动性游戏，从而增进儿童和家人的关系发展以及儿童的一些社交技能的发展。

操作方法

治疗师向家庭成员解释，他们将一起玩一个联结类游戏，家庭成员将两两配对并握住自己搭档的手形成泡泡小组。治疗师要求他们在握住对方的手的同时在房间里走动。每一组在走动过程中不能碰到其他两人组；如果他们碰到其他两人组，那这两组家庭成员都会像泡泡一样"嘭"的一声"爆炸"，然后就出局了，直到剩下最后一对家庭成员或者没有家庭成员留在场上，游戏结束。治疗师需要时不时地对每个家庭小组调整指令，例如指导家庭小组成员绕着房间单脚跳，绕着房间跳跃，绕着房间用缓慢的速度行走，或者绕着房间快速移动。当至少有三组家庭小组参与这个游戏时，干预效果最好。如果有需要，治疗师也可以加入其中。如果只有一组家庭成员，治疗师可以通过在他们周围移动或者尝试冲撞这个小组的方式加入游戏，而小组成员必须要一起努力避免碰到治疗师。

基本原理

　　这项干预方法可以改善联结和人际关系能力，以及与他人合作和共同注意等社交技能的发展。这是一项家庭干预方案，同样可以在团体中使用，尤其是在社交技能小组中使用。治疗师需要把这项干预方法变成有趣的、积极的游戏，并且关注体验本身，而不是将它变为一场竞争，来观察最后谁获胜。这项干预方法可以通过将搭档换成另一个家庭成员而重复进行，这样儿童就可以体验与每一位家庭成员组成新的小组。父母可以和其他家庭成员一起在家里开展这项游戏，并且在两次治疗会谈之间定期进行。

交换呼啦圈

主要目标领域	联结（关系发展）
次要目标领域	社交技能、感觉处理
发展水平	儿童和青少年
材料	两个呼啦圈
形式	个体、家庭、团体

游戏简介

患有自闭症谱系障碍及其他发展障碍的儿童和青少年，经常需要练习如何加入与他人的互动，例如活动、交谈或游戏等。这项方法有利于增强与他人的关系，对与他人以互惠的方式进行合作，以及前庭觉和本体觉方面的感觉处理问题进行干预。

操作方法

治疗师向儿童解释他们将用呼啦圈玩几个互动游戏。

1. 治疗师和儿童面对面以间隔1.2~1.5米的距离站立。治疗师和儿童每人的右手拿一个呼啦圈。当治疗师说"开始"时，治疗师和儿童一起把呼啦圈滚向对方并让对方抓住。这项活动可以反复进行多次。

2. 治疗师和儿童每人的右手拿一个呼啦圈。当治疗师说"开始"时，治疗师和儿童轻轻地抛出呼啦圈让另一人抓住。这项活动可以反复进行多次。

3. 两个呼啦圈紧挨着放在地上。治疗师和儿童分别站在其中一个呼啦圈里。当治疗师说"交换"时，治疗师和儿童跳进另一人的呼啦圈里。这项活动可以反复进行多次。

治疗师在与儿童实施游戏前，需要向儿童展示每种呼啦圈游戏的玩法。每种游戏都可以多次进行，且儿童也可以设计其他呼啦圈游戏。

基本原理

"交换呼啦圈"游戏可以增强关系联结、社交技能、前庭觉和本体感觉的感觉处理。治疗师需要觉察儿童的身体能力，并对每一个呼啦圈游戏做相应调整。治疗师需要确保在任何游戏中，都不会对儿童造成伤害。父母可以学习这项技术，并在家里和孩子做游戏。"交换呼啦圈"游戏也可以以小组的形式进行。

交换呼啦圈示例

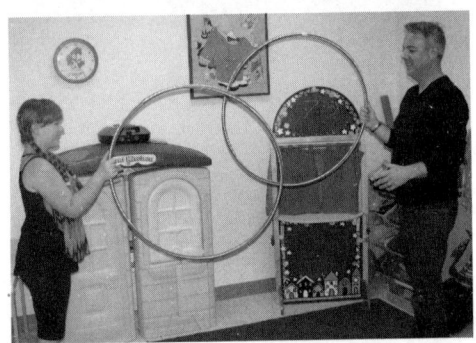

让我们黏在一起

主要目标领域	联结（关系发展）
次要目标领域	社交技能、感觉处理
发展水平	儿童和青少年
材料	无
形式	家庭、团体

游戏简介

许多患有自闭症谱系障碍和其他发展问题的儿童和青少年在感觉处理、身体觉察、与他人互动以及联结技能方面需要帮助。"让我们黏在一起"是一项有趣的、吸引人的方法，它加入动作元素来对上述技能领域进行干预。这项活动主要在家庭环境下实施，但也适用于团体工作，尤其是社交技能小组。

操作方法

治疗师向家庭成员解释，他们将一起玩一个游戏来增强关系联结。治疗师向家庭的每个成员解释，开始时，每个人都需要用一种特定的方式在房间里移动，移动的方式由治疗师决定。几分钟后，治疗师会说出一种新的在房间里移动的方式。这些移动方式可以是绕着房间走、绕着房间跳、绕着房间单脚跳、绕着房间倒着走等。每一位家庭成员根据指令在房间里移动，并且尝试避免碰到其他家庭成员。一旦两个人触碰到了，他们从那时开始就要黏在一起，并且紧靠着继续在房间里移动，假装他们的身体是黏在一起的。一旦两名家庭成员黏在一起后，他们要积极地尝试去抓住其他家庭成员。所有人都在房间里用不同的方式移动，直到所有的家庭成员都黏在一起。当所有家庭成员黏在一起后，治疗师可以花一点时间让整个家庭在房间里用不同的方法进行移动。如果需要更多的人参与，治疗师也可以加入。

基本原理

　　这项干预方法可以帮助患有自闭症谱系障碍的儿童强化他们的关系联结，尤其是与家庭成员的关系。这项干预方法也能改善社交技能以及促进前庭觉、本体觉和触觉等感觉处理。这个游戏可以重复进行，并且每个家庭成员可以轮流决定下一个动作是什么。很重要的一点是，一定要让这项干预方法看起来很有趣，并且是没有竞争性的。治疗师必须强调整个家庭要更关注这个游戏的乐趣，并且一起享受这个游戏。

让我们黏在一起示例

附 录 | 附加资源[1]

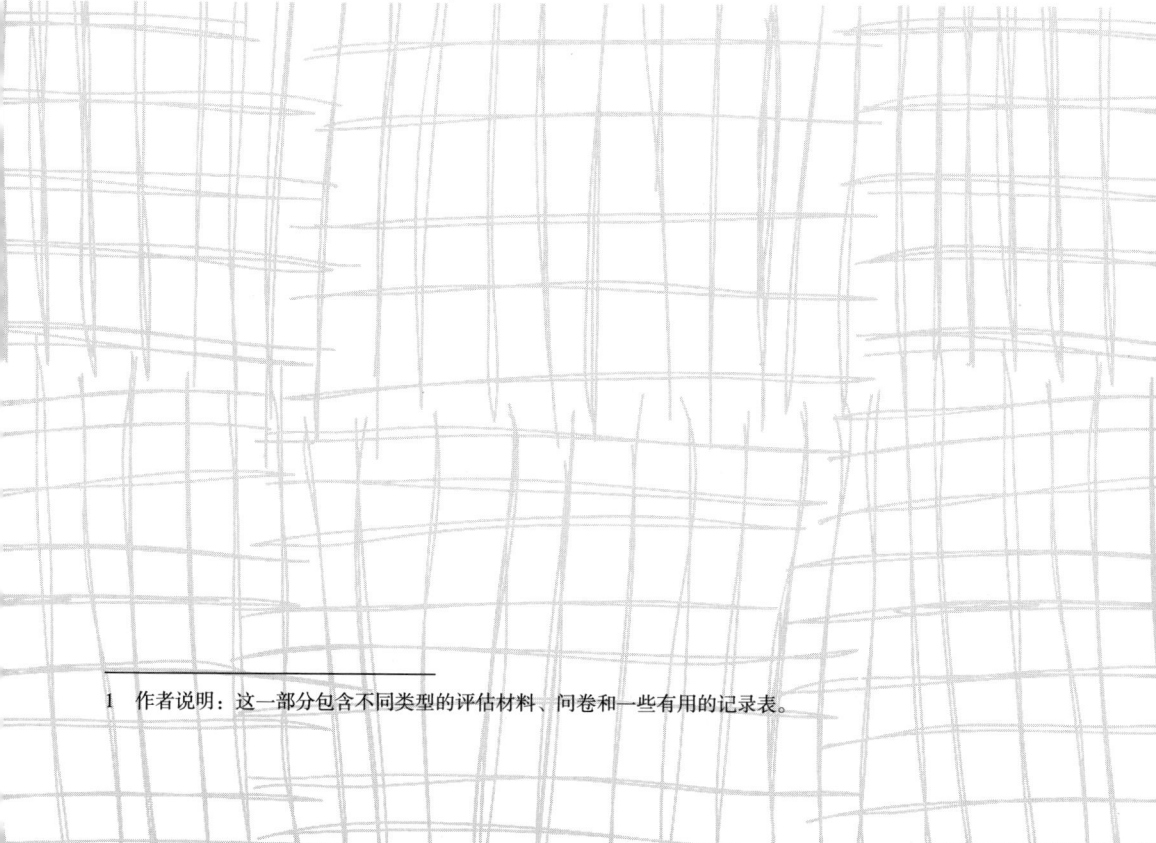

[1] 作者说明:这一部分包含不同类型的评估材料、问卷和一些有用的记录表。

摄入及评估阶段指导

第 1 次会谈

1. 治疗师只与家长会面。
2. 完成并回顾初诊登记表。将罗伯特自闭症游戏治疗评估表交给家长，并要求家长填写完后在第 2 次会谈时带回。
3. 收集儿童的背景信息以及所有相关文件，包括以往的心理评估、感官评估和个性化教育计划等。
4. 解释罗伯特自闭症游戏治疗的开展过程。

第 2 次会谈

1. 与父母和儿童会面。从父母处收回罗伯特自闭症游戏治疗评估表。
2. 带儿童参观各种设施，包括游戏室。
3. 关注关系的发展，帮助儿童逐渐熟悉这个环境，对设施和治疗师感到舒适。
4. 在游戏室里进行一次儿童观察。家长通过监控设备进行观察，或者在游戏室的角落里观察。治疗师在观察时应该使用《罗氏游戏治疗儿童观察表》。观察时间为 30~35 分钟。

第 3 次会谈

1. 与父母和儿童会面。回答父母和儿童提出的问题或者给出建议。
2. 在游戏室里进行一次父母 / 儿童观察。治疗师通过监控设备观察，或者在游戏室的角落进行观察。治疗师可以使用《罗氏游戏治疗儿童 / 父母观察表》进行观察。观察时间为 20~25 分钟。
3. 治疗师可以利用剩余的时间与儿童在游戏室里会面，继续和儿童建立关系并给予支持。

第 4 次会谈

1. 与父母和儿童会面。利用前半次会谈的时间与父母会面，并且讨论先前的观察情况以及回顾罗伯特自闭症游戏治疗评估表的内容。讨论治疗目标以及决定如何从开展亲子治疗转换到正式的指导性干预阶段。
2. 利用剩余的时间与儿童在游戏室里会面，继续和儿童建立关系并给予支持。

指导家长实施"跟随我"的方法

1. 设定游戏时间——选择某天某一具体时间段作为你的游戏时间，并且在家里确定一个游戏地点。要注意选取你和孩子不容易被打扰的时间和地点。避免选取一些你和孩子可能会被他人、工作或者周围的事物打扰的时间和地点。
2. 用一句介绍性的说明作为游戏时间的开始标志，例如："这是我们特殊的游戏时间，你可以玩任何想要玩的东西，我会和你在一起。"
3. 让你的孩子来引导游戏时间。他/她可以选择任何他/她想要玩的物品以及游戏方式。当他/她（慢慢）从一个玩具转移到另一个玩具，或者从一种活动转换到另一种活动时，请跟随你的孩子。尝试着在身体上靠近孩子。
4. 间断性地做出一些追踪和反馈的陈述。
5. 间断性地问孩子一些问题。

6. 间断性地尝试加入孩子正在进行的游戏，寻找机会让自己加入游戏，并且关注孩子接受你加入游戏以及与你共同游戏的情况是如何发生的。
7. 尝试让孩子多使用一些可以增加协调性以及被认可的技能。
8. 关注孩子的极限。不要强行让他/她与你互动，导致他/她可能感到难以自我调节。如果你感到孩子已经到达他/她的极限了，就结束游戏。
9. 记录孩子表现出的任何基础目标技能以及在互动游戏中的进步，或者在游戏过程中表现出的互动性。
10. 用一句结束语来提示游戏时间结束，例如："5分钟后，我们的游戏时间就要结束了。"5分钟后再次提醒："我们的游戏时间结束了，我们可以下次继续玩。"
11. 写下游戏中你遇到的任何问题，并在下次咨询时与治疗师进行讨论。

"跟随我"方法中关于设置限制的指导

患有自闭症谱系障碍的儿童和青少年有时候在行为上需要设置限制。任何可能会对孩子或者他人存在伤害的行为都需要设置限制。同样，任何可能导致玩具或者财产损坏的行为也需要设置限制。此外，一些治疗师和父母可能有一些自己的标准，例如不能将沙子从沙盘里扔出去或者不能在墙上涂色，这些都需要在设置限制协议中进行说明。

治疗师和父母应该尽可能少地设置限制，但是当必须设置一项限制的时候，建议使用以下程序。

第一步

实行重新定向和/或者替换策略。重新定向策略是指让孩子离开当前的位置，并将他的注意力转移到另一个更为恰当的事物上。替换策略是指为孩子提供一个更能被接受的方式来代替现在的不能被接受的方式。在实行转移程序之前，我们需要多次尝试重新定向和替换策略，让孩子有机会改变他/她的行为。

如果行为继续……

第二步

用语言促使孩子停止目前的行为。在转移孩子前，适当地给他/她一些语言提示。同样，我们也需要用说出事实的方式给出语言提示，并且缓慢而清晰地向孩子表述。在语言提示之后也可以加入重新定向和替换策略。

如果行为继续……

第三步

实行转移程序。这是最后一项解决方案，当治疗师或者父母已经充分尝试了所有其他选择，并且仍然觉得孩子或者他人处在一个危险的境地时，我们才会采取最后这项方案。转移意味着引导孩子离开他现在身处的场景或者空间，或者将物体从孩子身边移走。在一些情况下，对于患有自闭症谱系障碍的儿童来说，可能需要对这个孩子本身进行强制转移。当与治疗师一起工作时，如果孩子必须被转移，应该由父母来执行这项程序。当孩子被转移时，我们需要把他/她带到一个没有他人在场、刺激元素相对更少的地方。转移的目的是帮助孩子保持冷静，并且保证他/她和他人的安全。

情绪清单

被接受的	害怕的	深情的	忠诚的
生气的	悲惨的	焦虑的	被误解的
平静的	美丽的	开玩笑的	羞耻的
勇敢的	笨拙的	平静的	自豪的
有能力的	安静的	无聊的	受打击的
有同情心的	放松的	困惑的	兴高采烈的
宽慰的	被打败的	舒适的	安全的
胜任的	满意的	担心的	发疯的
抑郁的	有压力的	自信的	被激怒的
满意的	渴望的	后悔的	有勇气的
愚蠢的	孤单的	被拒绝的	好奇的
特别的	失望的	懊悔的	强壮的
气馁的	厌恶的	悲伤的	有同情心的
兴奋的	尴尬的	害羞的	宽容的
感恩的	遗憾的	友好的	兴高采烈的
害怕的	固执的	紧张的	愚笨的
高兴的	被理解的	挫败的	优秀的
独一无二的	狂怒的	疲惫的	令人愉快的
有价值的	内疚的	感动的	伟大的
憎恶的	幸福的	无助的	充满希望的
完美的	绝望的	幽默的	值得的
没有吸引力的	愉快的	不确定的	可爱的
蒙羞的	不舒适的	被爱的	受伤的
被忽视的	没耐心的	犹豫不决的	自卑的
不安全的	恼怒的	嫉妒的	担心的

常用的社交技能清单

姓名：_____	日期：_____
☐ 倾听	☐ 提问
☐ 开始一段对话	☐ 微笑
☐ 结束一段对话	☐ 说"谢谢"
☐ 自我介绍	☐ 眼神接触
☐ 介绍他人	☐ 基本的边界
☐ 寻求帮助	☐ 听从指令
☐ 道歉	☐ 请求准许
☐ 分享	☐ 加入一个小组
☐ 帮助他人	☐ 轮流
☐ 恰当的肢体语言	☐ 恰当的语调
☐ 理解个人空间	☐ 双向对话
☐ 建立并保持友谊	☐ 公共边界
☐ 处理失败	☐ 处理胜利
☐ 给出指令	☐ 说服他人
☐ 协商	☐ 自我控制
☐ 处理霸凌	☐ 给予赞扬
☐ 承担后果	☐ 应对分歧
☐ 识别麻烦情景	☐ 理解幽默
☐ 在没有帮助的情况下完成任务	☐ 启动任务
☐ 经过周密思考的游戏技巧	☐ 解决问题
☐ 有弹性	☐ 进一步的边界
☐ 恰当地表达情绪	☐ 了解情绪
☐ 识别他人的情绪	☐ 表达情感
☐ 表达对他人的关心	☐ 处理焦虑
☐ 适当的情绪/处境	☐ 展示同情
☐ 处理与愤怒相关的感受	☐ 避免冲突
☐ 处理指控	☐ 支持他人
☐ 自我放松技能	☐ 接受拒绝
☐ 其他_____	

罗氏游戏治疗[1] 推荐的玩具和材料

玩具	
人物微型模型/人物模型	动物微型模型
汽车、飞机和轮船微型模型	沙盘
玩具食物、餐盘以及厨房区域	水沙盘
积木块组	乐高积木
各式各样的球	感官类的球和玩具
呼啦圈	跳绳
各式各样的帽子和面具	镜子
气球	泡泡
玩具电话	玩具电脑
篮球	篮球框
医生工具箱	收银机
大型纸板砖	玩具钱币
玩具乐器	玩具枪支
泡沫刀剑(游泳用圆形浮条)	沙滩球
洋芋头先生套装游戏[2]	面部情绪卡
平板电脑	光盘播放器
表达性材料	
白纸	画图纸
油画笔/记号笔/蜡笔	空白拼图
各种各样的艺术(装饰)材料	贴纸
黏土/培乐多彩泥	杂志
白板	白板笔
各种各样的艺术(建筑)材料	佛陀绘图板

---

1 即罗伯特自闭症游戏治疗的简称。——译者注

2 原文为 Mr.Potato Head game,这是北美流行的一种玩具,主体是洋芋头先生的头部,不同价位的产品配有不同的附件,可以拆下来、插上去,随意搭配出各种表情,表达不同的情绪,可用于训练儿童识别情绪的能力,还有洋芋头夫人套件玩具。——译者注

罗氏游戏治疗表单

罗氏游戏治疗儿童观察表

儿童姓名_____　　年龄_____　　性别_____　　日期_____

语言能力（儿童是否能做出一些言语上的评论？这些评论和游戏有关联吗/能够被理解吗？儿童是否参与谈话并且回答问题？）

_____
_____
_____

游戏技巧（儿童在玩什么？他/她玩一些玩具吗？儿童会根据玩具的功能以合适的方式玩吗？玩的方式是否符合其年龄？他/她会花多久的时间玩玩具？）

_____
_____
_____

社交互动（儿童会用恰当的社交方式回应吗？儿童是否会用适合他/她年龄的社交技能与治疗师互动？你观察到儿童拥有什么社交技能，以及似乎缺少什么社交技能？）

_____
_____
_____

注意力 / 集中力 / 冲动性（儿童的注意力是否能够维持恰当的时间？儿童是否不断地在房间里徘徊？他 / 她是否将注意力放在玩具和完成任务上面？儿童是否表现出冲动性？）

_____

_____

_____

退缩 / 孤立行为（儿童是否与治疗师互动？他 / 她是否看起来退缩到了自己的世界里？儿童是否注意到了房间里的治疗师，或对治疗师做出回应？他 / 她是否尝试着与治疗师建立一些联结？）

_____

_____

_____

罗氏游戏治疗儿童／父母观察表

儿童姓名＿＿＿＿＿＿　　年龄＿＿＿＿　　性别＿＿＿＿　　日期＿＿＿＿

　　一般情况下儿童和父母的互动情况（描述儿童与父母之间互动的整体情况。这些互动是自然而然地发生的吗？儿童是否表现出倾听、回应并且与父母互动？）

＿＿＿＿＿＿＿＿＿＿＿＿＿＿＿＿＿＿＿＿＿＿＿＿＿＿＿＿＿＿＿＿＿＿＿

＿＿＿＿＿＿＿＿＿＿＿＿＿＿＿＿＿＿＿＿＿＿＿＿＿＿＿＿＿＿＿＿＿＿＿

＿＿＿＿＿＿＿＿＿＿＿＿＿＿＿＿＿＿＿＿＿＿＿＿＿＿＿＿＿＿＿＿＿＿＿

　　儿童和父母一起进行的联结游戏（儿童和父母是否一起游戏？描述他们一起游戏的类型、质量以及数量。一起游戏是强制发生的还是自然发生的？）

＿＿＿＿＿＿＿＿＿＿＿＿＿＿＿＿＿＿＿＿＿＿＿＿＿＿＿＿＿＿＿＿＿＿＿

＿＿＿＿＿＿＿＿＿＿＿＿＿＿＿＿＿＿＿＿＿＿＿＿＿＿＿＿＿＿＿＿＿＿＿

＿＿＿＿＿＿＿＿＿＿＿＿＿＿＿＿＿＿＿＿＿＿＿＿＿＿＿＿＿＿＿＿＿＿＿

　　言语或非言语交流活动（儿童和父母是否加入言语互动交流？儿童是否用语言交流的方式回应父母？儿童和父母是否存在非言语方式的交流？儿童是否注意到了父母的非言语方式的交流？）

＿＿＿＿＿＿＿＿＿＿＿＿＿＿＿＿＿＿＿＿＿＿＿＿＿＿＿＿＿＿＿＿＿＿＿

＿＿＿＿＿＿＿＿＿＿＿＿＿＿＿＿＿＿＿＿＿＿＿＿＿＿＿＿＿＿＿＿＿＿＿

＿＿＿＿＿＿＿＿＿＿＿＿＿＿＿＿＿＿＿＿＿＿＿＿＿＿＿＿＿＿＿＿＿＿＿

　　父母发起与儿童的互动（父母是否发起与儿童的互动？父母是如何尝试邀请儿童的？儿童如何回应父母的邀请？）

＿＿＿＿＿＿＿＿＿＿＿＿＿＿＿＿＿＿＿＿＿＿＿＿＿＿＿＿＿＿＿＿＿＿＿

＿＿＿＿＿＿＿＿＿＿＿＿＿＿＿＿＿＿＿＿＿＿＿＿＿＿＿＿＿＿＿＿＿＿＿

共同注意的互动（儿童与父母是否出现共同注意？如果是，频率如何，共同注意是自然而然地发生的吗？）

罗氏游戏治疗自闭症检查表

儿童姓名_____ 年龄_____ 性别_____ 日期_____

  该表是一项自闭症筛查工具，帮助我们判断儿童是否需要进一步的评估。请将孩子的情况与以下每一条陈述进行对比，在符合的描述前打钩。如果你对某些描述不确定，可以暂不勾选。在三项及以上的陈述前打钩意味着需要进一步的评估。

____ 很少或者没有眼神交流

____ 缺乏四目相对的凝视

____ 几乎没有或者没有面部表情

____ 缺乏用以调节社交互动的肢体或者非言语行为

____ 适应发展水平的同伴关系发展方面失败

____ 缺乏自发寻求与他人分享喜悦、兴趣或者成就

____ 缺乏社交或者情感的互动（不能积极参与简单的社交活动或者游戏）

____ 更喜欢独自活动，或者邀请他人参与自己的活动时只把他人当作工具或"机械性"辅助

____ 言语交流方面存在损伤

____ 口语发展迟滞或者整体缺乏口语能力

____ 即使有足够的言语交流，在启动和维持与他人的谈话方面有明显的损伤

____ 僵化以及重复地使用语言或者特殊的语言

____ 缺乏与他/她的发展水平相适应的多样的、自发性的虚构游戏或者社会模仿游戏

____ 在行为、兴趣以及活动方面存在有限的重复和刻板模式

____ 以非正常的强度和关注度，全神贯注于一项或多项刻板、模式受限的兴趣

____ 固执地坚持特定、无功能的惯例或者仪式

____ 僵化、重复的行动模式（例如，扭或晃手或手指）

____ 持续地全神贯注于事物的某些部分

____ 早期教育延迟或者在社交互动中表现异常

____ 早期教育延迟或者在用于社交互动的语言方面表现异常

____ 早期教育延迟或者在象征游戏或假想游戏方面表现异常

关于《罗氏游戏治疗自闭症检查表》

该表是根据《精神障碍诊断与统计手册》第五版中对自闭症谱系障碍的诊断标准制订的，适用于3—18岁的孩子。该表需要让一直在儿童或者青少年身边陪伴他们生活的父母或者其他照料者完成，因为他们可以提供更为准确的反馈。治疗师可以通过以下几种方法使用该表。

1. 作为一项自闭症筛查程序的一部分，从而决定是否需要更进一步的评估。
2. 作为一种评估工具来获取更多关于儿童或者青少年在技能方面的优劣信息。
3. 作为开发治疗目标的一种辅助手段。

完成《罗氏游戏治疗自闭症检查表》的指导方法

治疗师应该把这张表交给父母或者对于孩子的各方面情况都很了解的其他照料者（包括养父母、学校教师、保姆或者其他亲戚）。我们会指导父母在每一项他们觉得符合孩子情况的陈述前打钩。治疗师不会给父母《罗氏游戏治疗自闭症检查表》的复印件。治疗师应该回顾这些结果并且开展相应工作。

计分

在三项及以上的陈述前打钩意味着需要进一步评估。《罗氏游戏治疗自闭症检查表》是自闭症筛查的一部分，完成该表后，治疗师需要将该表的结果与其他筛查量表或程序的结果进行比较，同时寻找有必要进行进一步评估的额外信息。该表单独使用时不能用来筛查自闭症。

治疗师如果想要寻求更多资源以筛查自闭症，应该考虑实施一次儿童观察、一次儿童/父母观察，完成其他的一些量表，比如《自闭症治疗评估检查表》以及《新版幼儿自闭症检查表》。如果有任何迹象表明孩子可能有自闭症谱系障碍，治疗师应该推荐父母让孩子接受一次全面的评估。

罗氏游戏治疗情绪调节评估表：儿童（3—11 岁）

儿童姓名_____ 年龄_____ 性别_____ 日期_____

对孩子的下列情绪调节能力进行评分，1 表示完全未发展，5 表示已充分发展。尝试回想一下孩子的情况，充分地评估他 / 她的能力的熟练程度。如果你不确定，可以暂不填写。

孩子能够用言语表达积极情绪。

1　　2　　3　　4　　5

孩子能够用言语表达消极情绪。

1　　2　　3　　4　　5

孩子能够做出与自己情绪相匹配的恰当的肢体语言。

1　　2　　3　　4　　5

孩子能够区分至少五种情绪。

1　　2　　3　　4　　5

当另一个人有一些感受时，孩子能够识别出来。

1　　2　　3　　4　　5

孩子能够准确辨别另一个人的情绪状态。

1　　2　　3　　4　　5

孩子可以理解焦虑并且可以让自己平静下来。

1　　2　　3　　4　　5

孩子可以理解愤怒并且知道缓解愤怒的方法。

1　　2　　3　　4　　5

当孩子感到愤怒或者焦虑时可以用言语表述出来。

1　　2　　3　　4　　5

在假装游戏或者象征游戏中，孩子可以表现出情绪。

1　　2　　3　　4　　5

当孩子感到困惑时可以用言语表述出来。

1　　2　　3　　4　　5

孩子可以辨识出在某一特定场合会出现的情绪状态，例如在葬礼上人们会有什么样的感受。

1　　2　　3　　4　　5

罗氏游戏治疗情绪调节评估表：儿童（3—11 岁）

请根据孩子的情绪调节情况回答下列问题。尝试回想某些特定的时候你观察到的儿童的情况，并尽可能完整地回答这些问题。

1. 描述一个孩子可以恰当表达某种情绪的情境。

2. 描述一个孩子表达了消极情绪并且自己冷静下来的情境。

3. 描述一个孩子可以准确辨别另一个人的情绪的情境。

4. 描述你们的家庭表露和表达情绪的方式。

5. 描述你们目前是如何进行情感教育以及/或者如何为孩子做示范的。

罗氏游戏治疗情绪调节评估表：青少年（12—18岁）

儿童姓名＿＿＿＿＿　　年龄＿＿＿　　性别＿＿＿　　日期＿＿＿

　　对孩子的下列情绪调节能力进行评分，1表示完全未发展，5表示已充分发展。尝试回想一下孩子的情况，充分地评估他/她的能力的熟练程度。如果你不确定，可以暂不填写。

孩子能够用言语表达积极情绪。

1　2　3　4　5

孩子能够用言语表达消极情绪。

1　2　3　4　5

孩子能够做出与自己情绪相匹配的恰当的肢体语言。

1　2　3　4　5

孩子能够区分至少十种情绪。

1　2　3　4　5

孩子能够识别出他人的情绪。

1　2　3　4　5

孩子能够准确辨别另一个人的情绪状态。

1　2　3　4　5

孩子可以理解焦虑并且在焦虑时能够让自己平静下来。

1　2　3　4　5

孩子可以理解愤怒并且知道缓解愤怒的方法。

1　2　3　4　5

当孩子感到愤怒或者焦虑时可以用言语表述出来。

1　2　3　4　5

孩子会向同龄人和其他家庭成员表露情绪。

1　2　3　4　5

孩子似乎能理解并且表达共情。

1　　2　　3　　4　　5

孩子可以辨识出在某一特定场合会出现的情绪状态，例如在葬礼上人们会有什么样的感受。

1　　2　　3　　4　　5

罗氏游戏治疗情绪调节评估表：
青少年（12—18岁）

请根据孩子的情绪调节情况回答下列问题。尝试回想某些特定的时候你观察到的儿童的情况，并尽可能完整地回答这些问题。

1. 描述一个孩子可以恰当表达某种情绪的情境。

2. 描述一个孩子表达了消极情绪并且自己冷静下来的情境。

3. 描述一个孩子可以准确辨别另一个人的情绪的情境。

4. 描述你们的家庭表露和表达情绪的方式。

5. 描述你们目前是如何进行情感教育以及/或者如何为孩子做示范的。

罗氏游戏治疗社交技能评估表：儿童（3—11岁）

儿童姓名_____ 年龄____ 性别____ 日期____

对孩子的下列社交技能进行评分，1表示完全未发展，5表示已充分发展。

技能	未发展			已发展	
向他人问好	1	2	3	4	5
和他人进行眼神交流	1	2	3	4	5
和其他孩子一起玩耍	1	2	3	4	5
向他人表示友好	1	2	3	4	5
与他人分享	1	2	3	4	5
倾听而不打断	1	2	3	4	5
提出问题	1	2	3	4	5
回答提出的问题	1	2	3	4	5
讨论一些感受	1	2	3	4	5
表现出恰当的肢体语言	1	2	3	4	5
理解他人的肢体语言	1	2	3	4	5
求助他人	1	2	3	4	5
遵守规则	1	2	3	4	5
允许其他孩子参与自己的游戏	1	2	3	4	5
理解他人的观点	1	2	3	4	5
处理愤怒/挫败	1	2	3	4	5
请求加入其他儿童的游戏	1	2	3	4	5
理解什么是戏弄和霸凌	1	2	3	4	5
忽略戏弄和霸凌	1	2	3	4	5
用恰当的声调说话	1	2	3	4	5
用恰当的语速说话	1	2	3	4	5
表达清晰	1	2	3	4	5
对自己不恰当的行为感到抱歉	1	2	3	4	5

（续表）

技能	未发展			已发展	
对别人的话做出回应	1	2	3	4	5
理解社交边界	1	2	3	4	5
了解安全信息	1	2	3	4	5
有同龄的朋友	1	2	3	4	5
知道如何交朋友	1	2	3	4	5
邀请其他儿童和自己一起游戏	1	2	3	4	5
能够接受被拒绝	1	2	3	4	5
忽略干扰	1	2	3	4	5
知道公共场合的恰当行为	1	2	3	4	5
表达想和同龄人一起玩的愿望	1	2	3	4	5
说得恰当（没有太多或者太少）	1	2	3	4	5
懂礼貌	1	2	3	4	5
适当地参与到同龄团体中	1	2	3	4	5
和成年人交谈	1	2	3	4	5
承认其他人的在场	1	2	3	4	5
解决问题	1	2	3	4	5
用言语表达感受	1	2	3	4	5

罗氏游戏治疗社交技能评估表：青少年（12—18岁）

儿童姓名_____ 年龄_____ 性别_____ 日期_____

对孩子的下列社交技能进行评分，1表示完全未发展，5表示已充分发展。

技能	未发展			已发展	
向他人介绍自己	1	2	3	4	5
和他人进行眼神交流	1	2	3	4	5
与同龄人社交	1	2	3	4	5
向他人表达共情	1	2	3	4	5
与他人分享	1	2	3	4	5
倾听并不打断	1	2	3	4	5
辨识他人的需要并给予帮助	1	2	3	4	5
寻求帮助	1	2	3	4	5
表达感受	1	2	3	4	5
表现出恰当的肢体语言	1	2	3	4	5
理解他人的肢体语言	1	2	3	4	5
结束一次谈话	1	2	3	4	5
加入一次谈话	1	2	3	4	5
加入他人正在做的事情	1	2	3	4	5
理解他人的观点	1	2	3	4	5
恰当地处理愤怒/挫败	1	2	3	4	5
知道如何加入一个小组	1	2	3	4	5
遵守规则	1	2	3	4	5
知道如何进行和解	1	2	3	4	5
用恰当的声调说话	1	2	3	4	5
用恰当的语速说话	1	2	3	4	5
接受被拒绝	1	2	3	4	5

（续表）

技能	未发展			已发展	
为自己的行为承担责任	1	2	3	4	5
对他人的话做出回应	1	2	3	4	5
了解恰当的社交边界	1	2	3	4	5
了解安全信息	1	2	3	4	5
表达自己的观点	1	2	3	4	5
与他人交朋友	1	2	3	4	5
可以自己开始一项任务	1	2	3	4	5
表达对他人的担心	1	2	3	4	5
忽略干扰	1	2	3	4	5
可以给予指导	1	2	3	4	5
可以向他人做出解释	1	2	3	4	5
为自己犯错道歉	1	2	3	4	5
了解行为礼仪	1	2	3	4	5
合作并参与同龄小组	1	2	3	4	5
与成年人交谈	1	2	3	4	5
理解戏弄和霸凌	1	2	3	4	5
解决问题	1	2	3	4	5
有正确的卫生习惯	1	2	3	4	5

罗氏游戏治疗联结评估表：儿童（3—11岁）

儿童姓名_____ 年龄_____ 性别_____ 日期_____

　　对孩子的下列联结相关技能进行评分，1表示完全未发展，5表示已充分发展。尝试回想一下孩子的情况，充分地评估他/她的能力的熟练程度。如果你不确定，可以暂不填写。

　　孩子会给予拥抱，且有一些其他恰当的身体接触。
　　1　　2　　3　　4　　5

　　孩子会说"我爱你"并且/或者做出一些其他讨人喜欢的言语表达。
　　1　　2　　3　　4　　5

　　孩子接受拥抱以及其他的身体接触。
　　1　　2　　3　　4　　5

　　孩子会哭泣，并且/或者表现出与所发生事件匹配的悲伤情绪。
　　1　　2　　3　　4　　5

　　孩子会向他人表达共情。
　　1　　2　　3　　4　　5

　　孩子有恰当的眼神接触。
　　1　　2　　3　　4　　5

　　孩子对家庭成员有不同的情绪表现。
　　1　　2　　3　　4　　5

　　孩子表现出不能给予或者接受爱。
　　1　　2　　3　　4　　5

　　孩子表现出避免身体亲密和接触。
　　1　　2　　3　　4　　5

　　孩子会发起游戏并且与他人一起玩耍。
　　1　　2　　3　　4　　5

孩子会加入由他人发起的游戏或玩耍。

1　　2　　3　　4　　5

孩子能正确回应他人对他／她的邀请。

1　　2　　3　　4　　5

孩子会谈论家人或同龄人并表现出喜欢和他们在一起。

1　　2　　3　　4　　5

罗氏游戏治疗联结评估表：青少年（12—18 岁）

儿童姓名_____　　年龄_____　　性别_____　　日期_____

对孩子的下列联结相关技能进行评分，1 表示完全未发展，5 表示已充分发展。尝试回想一下孩子的情况，充分地评估他 / 她的能力的熟练程度。如果你不确定，可以暂不填写。

孩子会给予拥抱，且有一些其他恰当的身体接触。
1　2　3　4　5

孩子会说"我爱你"并且 / 或者做出一些其他讨人喜欢的言语表达。
1　2　3　4　5

孩子接受拥抱以及其他的一些身体接触。
1　2　3　4　5

孩子会哭泣，并且 / 或者表现出与所发生事件匹配的悲伤情绪。
1　2　3　4　5

孩子会向他人表达共情。
1　2　3　4　5

孩子有恰当的眼神接触。
1　2　3　4　5

孩子对家庭成员有不同的情绪表现。
1　2　3　4　5

孩子表现出不能给予或者接受爱。
1　2　3　4　5

孩子表现出避免身体亲密和接触。
1　2　3　4　5

孩子会发起游戏或者和同龄人一起出去游玩。
1　2　3　4　5

孩子会加入由他人发起的游戏或者加入他人出去游玩。

1　　2　　3　　4　　5

孩子会加入或者似乎想要加入同龄人的游戏。

1　　2　　3　　4　　5

孩子似乎和父母/青少年有恰当的联结关系。

1　　2　　3　　4　　5

罗氏游戏治疗游戏技能评估表

儿童姓名_____　　年龄_____　　性别_____　　日期_____

阅读下列游戏类型和定义，并且根据孩子拥有或者表现出这项游戏能力的程度进行评分。

功能性游戏是关系游戏的一种。在游戏中，根据一件事物的实际用途使用物品，例如，准确地使用一些简单的物品，将两个相关的物品组合起来（一个女性形象的玩偶在一家美容院里），或者让一些物品在游戏中实现它本身的功能。

缺乏　　1　　2　　3　　4　　5　　6　　7　　8　　9　　10　　展现

象征性游戏是指象征性的或者戏剧性的游戏，出现在当孩子开始用一件事物代替另一件事物时，例如，用梳子来代替话筒。孩子可以假装在做一些事情（现场可以有物品也可以没有，或者用一件物品代表另一件），或者假装自己是另一个人。他们也可能会用一些无生命的东西来假装。（例如：用一个娃娃假装给另一个娃娃喂食物。）

缺乏　　1　　2　　3　　4　　5　　6　　7　　8　　9　　10　　展现

合作性游戏是指孩子们计划、分配角色、一起玩的游戏。合作性游戏是目的取向的，孩子用一种有组织的方式进行游戏，最后达到一个共同的目标。此外，合作性游戏也是一种"真实的社交游戏"，在游戏中孩子互相合作或者扮演互动性角色。

缺乏　　1　　2　　3　　4　　5　　6　　7　　8　　9　　10　　展现

社会性戏剧游戏是指根据剧本、场景和戏剧进行表演的游戏，这些游戏内容来自动画片或者书籍。孩子以自己的身份来扮演或者承担某些角色，比如娃娃、人像、小狗，根据同一主题进行互动。当孩子把戏剧游戏玩得比较熟练后，其主题、剧情发展、计划、问题解决和角色等都变得更丰富之后，他们就开始组织其他的孩子进行角色扮演。

缺乏　1　2　3　4　5　6　7　8　9　10　展现

朋辈游戏是指与同龄人一起互动，这些游戏为生理、认知、社交以及情绪的发展提供了机会。

缺乏　1　2　3　4　5　6　7　8　9　10　展现

建构性游戏是指利用一些物体来进行建构或创造的游戏。孩子用一些材料来搭建他们头脑中想象的具体结构，搭建过程中需要把材料拼搭出一个新的形象。用乐高积木拼成汽车和房子都属于这类游戏。

缺乏　1　2　3　4　5　6　7　8　9　10　展现

具象化游戏是指假装游戏，出现在当孩子开始使用一些熟悉的物品来展示他们的世界的时候。例如一个可以用来烘焙食物的玩具烤箱。

缺乏　1　2　3　4　5　6　7　8　9　10　展现

［游戏类型部分摘自 Psychology Glossary（2012）］

罗氏游戏治疗游戏技能评估表

请根据孩子的游戏情况回答下列问题。尝试回想一些你观察到的，或者在一些特定的时间里与孩子一起游戏的情况，并尽可能完整地回答以下问题。

孩子玩玩具吗？

孩子会独立游戏吗？

孩子会和其他孩子一起游戏吗？

孩子会主动发起与其他孩子或成人一起游戏吗？

你和孩子有共同游戏的时间吗？

在游戏过程中孩子会和你互动吗？

孩子会玩假装游戏或者隐喻游戏吗？

孩子会玩一些不是玩具的物品吗？

如果有人（孩子或者成年人）邀请孩子一起游戏，孩子通常会怎么做？

孩子看起来想要玩游戏吗？

孩子玩的游戏和他／她的年龄相符吗？

请描述孩子的游戏。

罗氏游戏治疗不当行为评估表

儿童姓名_____ 年龄_____ 性别_____ 日期_____

请回答下列与你的孩子的行为有关的开放性问题。试着回想一些特定的情境和行为。如果你不确定，可以暂不回答。

1. 孩子是否有感知方面的问题？如果有，是什么类型的？

2. 孩子是否有"崩溃"行为或者不当行为？

3. 孩子的不当行为是什么样的？请描述这些行为、用语等。

4. 孩子是否在特定的时间和/或情境下更容易出现不当行为？如果是，请做出具体描述。

5. 你是否注意到一些特定的事件可能会触发这些不当行为？如果是，请做出具体的描述。

6. 一般情况下，这些不当行为有多严重和持续多长时间？

7. 在一周的时间内，孩子出现这些不当行为的频率如何？

8. 孩子在学校里会出现不当行为吗？如果有，请做出具体的描述。

9. 你目前是如何处理或者管理孩子的不当行为的？

10. 孩子是否在放学之后更容易表现出调节异常或者焦躁不安？

11. 你是否发现了一些可以在孩子出现不当行为时帮助他/她平静下来的方法？

罗氏游戏治疗情境行为评估表

儿童姓名_____ 年龄_____ 性别_____ 日期_____

用以评估的信息来源：
父母观察_____ 教师观察_____ 治疗师观察_____ 其他_____

行为（描述该行为，行为发生的强度，行为出现的频率，行为持续的时间）
_____
_____
_____

情境（描述该行为出现的情境、地点、时间和相关的人物）
_____
_____
_____

前因（描述先于行为的是什么？在行为出现之前发生了什么？环境中正在发生什么？其他人都在做什么？）
_____
_____
_____

后果（描述该行为会引发什么样的反应？其他人对此有什么反应？孩子的照顾者是如何反应的？）
_____
_____
_____

观察到的意图（出现该行为的目的可能是什么？）

_____
_____
_____

调整（为了避免以后出现不当行为，我们可以做出哪些调整或修正？）

_____
_____
_____

罗氏游戏治疗父母自我照顾检查表

请回答下列问题。试着回想和思考每一个问题，并且尽可能完整地回答。如果你不确定，可以暂不填写。

1. 在你的生活中有支持你的人吗？如果有，他/她是谁，他/她用什么样的方式为你或者你的家庭提供支持？

2. 你参加了任何提供支持的社区机构或者项目吗？如果有，你获得的是哪种类型的支持？

3. 你是否有一些不用带孩子的休闲时间？如果有，请描述这些休闲时间。

4. 你会做些什么让自己感到放松呢？

5. 自我照顾对你来说意味着什么？描述你目前自我照顾的程度。

6. 在照顾孩子和自我照顾之间你的理想的平衡点是什么样的？

《罗氏游戏治疗计划个人档案》的建立说明

《罗氏游戏治疗计划个人档案》可以帮助治疗师运用罗伯特自闭症游戏治疗方案制订出一套治疗计划。这个档案可以帮助治疗师制订和确立治疗目标，追踪所使用的技术，以及追踪指向治疗目标的进展情况。

人口学信息：收集来访者基本的人口学信息，记录治疗师已确定的治疗方案，以及创建治疗方案的具体日期。

当前议题：记录促使来访者寻求治疗的议题。这些数据大部分可能来自父母在摄入性访谈中提供的信息，以及罗伯特自闭症游戏治疗评估表中的信息。

父母和孩子对治疗的期待：记录父母和孩子（如果可以）对于参与治疗的期待。

以往的评估/诊断以及治疗史：收集来访者以往得到的任何诊断，以及诊断机构和诊断医生等信息。这部分也记录来访者以往得到的任何心理学评估情况以及评估者信息。另外也包含对孩子以往的治疗情况以及/或者所采用疗法的记录。

同期治疗方案/与儿童工作的机构：收集在参加罗伯特自闭症游戏治疗的同时，来访者正在参加或者可能即将要参加的其他治疗方案。同时记录其他机构或者组织正在与来访者以及他/她的家庭进行工作的情况。

罗氏游戏治疗表单管理：为咨询师提供信息追踪查询。这部分用来记录已完成的各种罗伯特自闭症游戏治疗表单的类别以及填表日期。

儿童/青少年会谈追踪表：帮助治疗师追踪目前正在对哪一目标领域进行工作，以及运用了何种游戏治疗技术处理这个领域。追踪表上的日期栏用来记录每项具体技术的使用时间。此部分通常在每次会谈中完成，并记录下一次会谈的信息。有一些技术可能会在几次咨询中重复使用多次，这个部分还可以准确记录每一次会谈的内容和过程。

父母治疗会谈追踪表：记录在父母会谈中讨论的内容以及教给父母的内容。同时记录已经提供给家长的信息和会谈日期。

罗氏游戏治疗计划个人档案

儿童姓名	
儿童的出生日期和性别	
儿童的诊断	
父母姓名	
咨询师姓名	
建档日期	

当前议题

父母和孩子对治疗的期待

以往心理学评估 / 诊断（地点、时间、评估人）治疗史（以往的干预方案）

同期治疗方案 / 与儿童工作的机构

罗氏游戏治疗表单管理

表单	是	否	完成日期
儿童观察表			
儿童 / 父母观察表			
游戏评估表			
社交技能评估表			
情绪调节评估表			
联结评估表			

儿童／青少年会谈追踪表

需要处理的领域 （情绪，社交，联结）	罗伯特自闭症游戏治疗方案	会谈日期

儿童 / 青少年会谈追踪表

需要处理的领域 （情绪，社交，联结）	罗伯特自闭症游戏治疗方案	会谈日期

父母会谈追踪表

培训内容（讨论的信息，教授的干预方法）	会谈日期

父母会谈追踪表

培训内容（讨论的信息，教授的干预方法）	会谈日期

其他基于游戏的自闭症治疗方法

回放

回放（Replays）是一种有趣的、基于游戏的治疗方法，它可以处理焦虑、情感失调、发怒和恐惧症，以及一些被诊断为其他疾病的儿童（例如，自闭症、阿斯伯格综合征、情绪紊乱、智力发展障碍等）。回放基于认知行为治疗原则，改编成基于游戏的方式进行治疗。从婴儿一直到拥有 10 岁左右的认知能力水平的儿童常常能从这个方法中获益。我们可以在《回放：使用游戏促进患有自闭症谱系障碍的儿童的情绪和行为发展》（*Replay: Using Play to Enhance Emotional and Behavioral Development of Children with Autism Spectrum Disorders*）这本书中找到对于回放技术的描述，作者是 Levine 和 Chedd（2007），由 Jessica Kingsley 出版。

地板时光

地板时光（Floortime）是一套发展取向的综合性方法，能够促进儿童的健康发展，也能帮助面临一系列发展性挑战的儿童，包括患有自闭症谱系障碍的儿童。地板时光是一项特殊的技术，每次实施 20 分钟或以上，照料者会在地板上和孩子一起互动。地板时光也是一种描绘了与孩子的所有日常互动特征的一般性理念。

游戏计划

游戏计划（The PLAY Project）是由 Richard Solomon 医学博士在 2001 年创立的，基于 Stanley Greenspan 医学博士的发展、个体差异及以关系为基础

（developmental, individualized, relationship-based, DIR）的理论。该项目强调帮助父母成为孩子最好的玩伴的重要性。游戏计划的四个主要组成部分是：诊断，家庭咨询，训练和调查。

人际关系发展干预联结

针对自闭症的人际关系发展干预（Relationship Development Intervention, RDI）计划是从家庭引导参与计划（Family Guided Participation Program）扩展而来的。该项目计划以不同诊断类别的自闭症谱系障碍患者的核心缺损为治疗目标，量身制订干预方案。这是一个符合发展顺序的综合性模式。针对自闭症的人际关系发展干预致力于将引导参与关系方案（Guided Participation Relationship）改进为治疗神经发展障碍的基础。在认证咨询师的引导下，家庭缓慢并小心地为孩子的神经发展构建机会，逐步提高复杂度。假以时日，父母会对孩子形成互动性友情、建立成熟的情感关系、成功地与他人合作、形成弹性/适应性思维以及掌握问题解决的能力方面产生巨大的影响。

自闭症运动治疗

自闭症运动治疗（Autism Movement Therapy）由 Joanne Lara 创立，是一项大脑左右半球间的感觉整合技术，将运动和音乐结合在一起，同时结合积极行为支持（positive behavior support，PBS）策略，帮助自闭症谱系障碍患者在口语和书面表达能力、社交能力和个性化教育计划方面达成目标。

社交故事

由 Carol Gray 开发的社交故事（Social Stories）以特定的风格和格式，根据相关的社交线索、观点和常见反应来描述一种情境、技能或概念。社交故事的目标是以耐心和令人安心的方式共享准确的社交信息，使听众容易理解。所有社交故事中有一半应该肯定个人做得好的方面。尽管故事的目标绝不是改变个体的行为，但是，个体对事件和预期结果了解得越多，就可能会引发越有效的回应。

音乐治疗

音乐治疗（Music Therapy）是一种已得到认证的专业疗法，在治疗关系中利用音乐来处理个体生理、情感、认知和社交的需要。在评估每一位来访者的长处和需求后，合格的音乐治疗师会提供有针对性的治疗，包括创作、唱歌、随乐而动以及/或者聆听音乐。通过在治疗环境中加入音乐的元素，加强来访者的能力，而且这种能力会迁移到他们生活中的其他领域。

艺术治疗

艺术治疗（Art Therapy）是一种人类服务专业疗法，来访者通过艺术治疗师的帮助，运用艺术媒体、创意加工所产生的成果性艺术作品来探索他们的感受、调节情感冲突、促进自我觉察、管理行为、发展社交技能、改善现实定向、减少焦虑，以及提高自尊。艺术治疗实践以人类发展知识、心理学理论以及咨询技术为基础。

关键反应训练

关键反应训练（Pivotal Response Training, PRT）是一种自然主义的行为干预方法，用以促进刺激、反应泛化、增加自发性、减少即时依赖性，以及增加积极性，同时仍然依赖应用行为分析的原理。关键反应训练是以儿童为导向（与以治疗师或者父母为导向相反），使儿童有机会主动发起学习活动。关键反应训练致力于通过诸如儿童选择、等待轮换、加强尝试以及交替维持等方式增加儿童的积极性。

整合性游戏团体疗法

融合游戏小组（Integrated Play Groups, IPG）是一个由 Pamela Wolfberg 博士于 20 世纪 80 年代后期提出的具有研究效度的模型。融合游戏小组模型旨在促进自闭症儿童的社交、沟通、游戏和想象力，同时通过在自然情境下的互动体验与典型的同龄人和兄弟姐妹建立关系。融合游戏小组将自闭症儿童（新手玩家）和有能力的同龄搭档（专业玩家）聚集在一起，并且由一名合格的成人引导者带领（融合游戏小组辅导员）。每一次的融合游戏小组活动都是个性化的，是儿童教育/治疗计划的一部分。

早期干预丹佛模型

心理学家 Sally Rogers 博士和 Geraldine Dawson 博士开发了早期干预丹佛模型（Early Start Denver Model）。这是一项综合性的，针对年龄为 12—48 个月的自闭症儿童的行为早期干预方法。该项目涵盖一系列发展性课程，这些课程定义了每个年龄段可以教授的技能以及教学程序。这项早期干预模式融合了以人际关系为中心的发展模式，以及经充分验证的应用行为分析的教学实践。

结构化教学法

自闭症及相关沟通残障儿童治疗与教育（Treatment and Education of Autistic and Related Communication Handicapped Children，TEACCH）开发了一种称为"结构化教学法（Structured TEACCHing）"的干预方法，该方法基于对自闭症个体的学习特征的理解，并运用视觉支持来促进意义化与独立性。TEACCH 的原则包括理解自闭症文化；为每一位来访者制订以个人为中心和以家庭为中心的个性化计划，而不是用一套标准化的课程；构建物理环境；运用视觉支持使日常活动更容易理解。

创意放松

由 Louis Goldberg 创建的创意放松（Creative Relaxation）结合了瑜伽原理，可以帮助有特殊需要的儿童改善行为和专注力，增加力量、柔韧性和平衡性，同时促进自我调节。创意放松的一些原理和过程包括学习姿势、呼吸、正念，以及教会患有自闭症谱系障碍、注意缺陷/多动障碍、感觉统合障碍，以及情感/行为障碍的儿童一些特定的身体姿势。这项方法可以在治疗室、办公室以及学校环境下有效实施。

搭积木

搭积木（Building Blocks）采用了与早期干预丹佛模型一致的方法。这项较新的方法将应用行为分析的元素（建模、积极强化和重复）和地板时光的内容（使用高情感表达、互动游戏以及关系建立）结合在一起，并成为支持自闭症儿童发展和神经发育相关研究的几项重大研究的对象。这个方法包括评估儿童当前的技能情况，确定游戏环境中要关注的目标行为，以及设计和开展每一次治疗会谈，确保儿童愿意参与，激发他们的积极性并且提供大量机会练习所选技能。治疗师也可以为父母提供指导，父母可以在家庭日常生活中融入这些技术。

健脑操

健脑操（Brain Gym）是一组特定的模式，涵盖动作、流程、程序、项目、材料以及教育理念。主要的治疗理念涉及 26 种健脑操动作，有时简写为"26 式"。这些活动回溯了生命第一年自然学会的眼、耳、手以及全身协调等动作。这 26 项活动，以及"通过动作学习"的方案是由教育工作者和阅读专家 Paul E. Dennison 及其同为同事和妻子的 Gail E. Dennison 共同创立的，他们认为运动、认知以及应用学习的互相依赖是他们工作的基础。20 多年来，来访者、教师以及学生都反馈这些简单的活动效果甚佳。该方法预期改善注意力和专注力；记忆力；学术方面，例如阅读、写作、数学以及参加测验；身体协调；人际关系；自我责任感；组织能力和态度等。

SCERTS 综合教育干预模式

SCERTS 模式是一项以研究为基础的教育方法，在多学科的框架下为患有自闭症谱系障碍、相关障碍的儿童和人群及其家人直接处理他们遇到的核心挑战。SCERTS 关注建立社交沟通、情感调节以及交往支持三方面的能力。这项方案可以运用于任何家庭、学校以及社区背景下不同能力和年龄的个体。

"SC（**社交沟通**，Social Communication）"是指自主的、功能性交际能力；情感表达；以及与儿童和成人安全关系和信任关系的发展。

"ER（**情绪调节**，Emotional Regulation）"是指保持调节良好的情绪状态以应对日常压力，并最大限度地参与学习和互动的能力的发展。

"TS（**交往支持**，Transaction Support）"是指支持能力的发展与实践，即帮助合作伙伴回应儿童的需要和兴趣，调整或者适应环境，为增强学习能力提供工具（图片沟通、计划表以及感官支持）。

乐高治疗

以乐高（LEGO）为基础的社交技能已经被证实是对患有自闭症、阿斯伯格综合征、焦虑、抑郁或者因调节障碍而出现社交困难的儿童的有效方法，可以帮助他们改善社交互动和沟通技能。社交能力的提高可以让儿童维持长久的友谊并且发掘他们巨大的潜能。更多详情，请参阅 Daniel B. LeGoff 的书《以乐高为基础的治疗：如何通过以乐高为基础的社团帮助患有自闭症或者相关问题的儿童建立社交能力》（*LEGO-Based Therapy: How to Build Social Competence through LEGO-Based Clubs for children with Autism and Related Conditions*）。

适合自闭症和发展障碍的应用程序

Meebie[1]

该应用程序帮助儿童和青少年使用 Meebie 娃娃和一些配件来识别情绪和各种表情。Meebie 提供了一种强大且引人入胜的视觉元素，有助于情绪调节能力的发展。

用 Interbots[2] 触摸和说话

"用 Interbots 触摸和说话（Touch and Say by Interbots）"可帮助孩子学习各种技能，例如颜色、数字和字母，还有眼神交流和情感组件。该程序还有一个交谈组件，可以模仿孩子的说话内容，而且具有较强的视觉吸引力和互动性。

面部卡片

"面部卡片（Face-Cards）"展示了几种不同的情绪供选择，每一种情绪匹配一种面部表情。该程序还有一个视频，可以帮助进行和保持眼神接触。情绪面部表情都是女性的面孔，并且都是积极的表情。

1　Meebie 是一种大型、柔软的娃娃，具有很多可拆卸的部件，孩子可以随意更改它的面部表情。——译者注

2　Interbots 是一家美国公司，致力于研发情绪表达交互机器人，易于使用的控制软件和多媒体内容。——译者注

适用于儿童的情绪闪卡

"适用于儿童的情绪闪卡（Emotional Flash Cards for Kidz）"将多种情绪分为三类：积极情绪，中性情绪和消极情绪。当儿童选择一种情绪后，会闪现一张展示该情绪的卡通面孔卡片。该应用程序提供了整套情绪闪卡的索引。

自闭症助手：情绪教学

"自闭症助手：情绪教学（Autism Aide：Teach Emotions）"关注情绪，例如感到快乐、悲伤、受伤、羞愧、生气、无聊和害怕。当选择某种情绪时，会出现多张不同的表现该情绪感受的卡通面孔。这个程序可以选择记录某人说的情绪词汇并且可以选择背景音乐。

情绪（言语和语言发展的教学工具）

"情绪（言语和语言发展的教学工具）[Emotions（Teaching Tool for Speech and Language Development）]"该应用程序有五类促进情绪调节的方法：（1）根据情绪名称识别图片；（2）看图片说出情绪名称；（3）根据情绪找出相应情境的图片；（4）识别根据情境标注的情绪图片；（5）根据情境识别图片。有许多选项可供儿童选择，而且照片展示的都是真实人物的情绪。这个程序具有强烈的视觉效果和多种学习情绪调节的方式。

ABA[1] 闪卡

"ABA 闪卡（ABA Flash Cards）"通过几种闪卡展示真人的情绪。当每张闪卡出现时，有一个声音会说出这是什么感受。图片都非常精美，并且呈现了

---

1 应用行为分析（applied behavioral analysis，ABA）是一种自闭症治疗方法。——译者注

多种感受。

感受计量表

"感受计量表（FeelingOmeter）"使用温度表的设计来表示和帮助儿童学习不同的感受以及感受的不同程度。儿童可以选取几种感受，并且为这些感受选取对应的颜色。程序中的图片也可以用来展示情绪感受。这个程序将一些元素完美结合以帮助儿童提升他们的情绪调节能力。

布拉德·查宾的自我调节训练板

"布拉德·查宾的自我调节训练板（Self-Regulation Training Board by Brad Chapin）"帮助儿童识别与某种情绪相对应的预警信号，描述感受本身，同时为儿童提供一种当他/她感受到特定情绪时可采取的策略。这个程序有很强的视觉效果并且看起来很吸引人。

调节区

"调节区（Zones of Regulation）"是一个已完全开发的应用程序，它拥有不同游戏等级（让人联想到流行的电子游戏设计）并且帮助儿童学会和发展情绪调节能力。该程序由多个部分组成，并且每一部分都有强烈的视觉元素，并为儿童提供不同的等级。

从故事中学习

"从故事中学习（Story2Learn）"关注创作社交故事，并可查看预先设计好的一些故事。使用者可以对预设的故事进行编辑，也可以创造属于自己的社交故事。这个应用程序设计精良，易于创作和查看社交故事。

语言实验室：编造和讲述

"语言实验室：编造和讲述（Language Lab：Spin & Speak）"呈现了一款可以运用社交技能的桌面游戏。最多允许 5 个人同时进行游戏。这个程序涉及多种社交技能，而且在视觉上迷人且有趣。

精选作品

"精选作品（Choiceworks）"包含情绪调节处理部分、一个等待计时器、一个视觉时刻表。这些组成部分都制作精良，也易于跟随声音提示。每一个组成部分都附有一份简介。

找到我

"找到我（FindMe）"帮助儿童改善他们的社交和注意/专注技能。程序呈现几个场景，随着一些干扰的出现，找出图中目标人物的难度会逐渐增加。

心情暴怒

"心情暴怒（Kimochis Feeling Frenzy）"是一个有趣、娱乐性强、引人入胜的应用程序，帮助儿童区分积极情绪和消极情绪，也帮助儿童识别不同的情绪种类。程序设有四个不同的级别，儿童可以先从入门级开始，逐步升到高难度级别。

接触学习情绪

"接触学习情绪（iTouchiLearn Feelings）"呈现几种选择，可以帮助儿童学习和识别情绪。在情绪部分，儿童可以观看某种情绪表现并说出情绪名称；游戏部分包含多种互动游戏，儿童可以练习情绪识别；音乐部分则通过音乐来表达情绪。

木偶玩伴

"木偶玩伴（Puppet Pals）"有不同的舞台（场景）可供选择，同时也可以选择不同的角色来创作自己的木偶戏。儿童可以用自己的声音录制故事并观看故事回放。治疗师也可以为儿童录制特定的故事让他/她观看。目前已有木偶玩伴2（Puppet Pals II）。

编故事的人

"编故事的人（Story Maker）"让儿童可以用音频和图片创作自己的故事。程序会提供一些图片，用户也可以使用自己的图片。这个应用程序选项较多，也很容易操作。治疗师也可以为与他们一起工作的儿童创作特定的故事。

儿童认知行为治疗

"儿童认知行为治疗（CBT4Kids）"由两位临床心理学家开发，提供了一项基于认知行为治疗的有趣、吸引人以及有教育意义的方法。治疗师可以输入现实中儿童的信息并跟踪他们的进度。该程序还有几种互动工具，例如放松和呼吸游戏。

时间计时器

"时间计时器（Time Timer）"是一个简单但高效的应用程序。该应用程序中会显示一个计时器，代表1小时，使用者可以设定计时器的时间，并且有一个红色的视觉提醒显示倒计时。这对于希望使用强大的视觉辅助工具来帮助儿童完成任务并了解时间量的父母和治疗师非常有用。

佐罗

"佐罗（Zolo）"提供了多种形状和声音，儿童可以用这些素材来创作有趣、古怪的设计和游戏人物。这个程序有很强的创新性，它的感官部分也非常吸引人。

参考文献与推荐阅读

American Psychiatric Association. (2014). *Diagnostic and statistical manual of mental disorders* (5th ed.). Washington, DC: Author.

Association for Behavioral and Cognitive Therapies. (2014).

Association for Play Therapy. (2015).

Attwood, T. (2007). *The complete guide to Asperger's syndrome.* Philadelphia, PA: Jessica Kingsley Publishers.

Autism Society of America. (2014).

Autism Speaks. (2015).

Barboa, L., & Obrey, E. (2014). *Stars in her eyes: Navigating the maze of childhood autism.* Mustang, OK: Tate Publishing.

Booth, P. B., & Jernberg, A. M. (2010). *Theraplay.* San Francisco, CA: Jossey-Bass.

Borgman, J. (2016). *Feelings Playing Cards.* Time Promotions.

Brady, L. J., Gonzalez, A. X., Zawadzki, M., & Presley, C. (2011). *Speak, move, play and learn with children on the autism spectrum.* Philadelphia, PA: Jessica Kingsley Publishers.

Bratton, S. C., Ray, D., Rhine, T., & Jones, L. (2005). The efficacy of play therapy with children: A meta-analytic review of treatments outcomes. *Professional Psychology: Research and Practice* , 36, 376–390.

Bundy-Myrow, S. (2012). Family Theraplay: Connecting with children on the autism spectrum. In Gallo-Lopez, L., & Rubin, L. C. (Eds.), *Play based interventions for children and adolescents with autism spectrum disorders* (pp. 73–96). New York, NY: Routledge.

Centers for Disease Control and Prevention. (2015).

Conner, B. (2007). *Unplugged play.* New York, NY: Workman Publishing.

Coplan, J. (2010). *Making sense of autistic spectrum disorders.* New York, NY: Bantam Books.

Corsello, C. M. (2005). Early intervention in autism. *Infants and Young Children*, 18, 74–85.

Cross, A. (2010). *Come and play: Sensory integration strategies for children with play challenges.* St. Paul, MN: Redleaf Press.

Dawson, G., McPartland, J., & Ozonoff, S. (2002). *A parent's guide to Asperger's syndrome and high functioning autism.* New York, NY: The Guilford Press.

Delaney, T. (2010). *101 games and activities for children with autism, Asperger's, and sensory processing disorders.* New York, NY: McGraw Hill.

Dennison, P. E., & Dennison, G. E. (1986). *Brain Gym.* Ventura, CA: Edu-Kinesthetics Inc.

Dienstmann, R. (2008). *Games for motor learning.* Champaign, IL: Human Kinetics.

Drewes, A. (2009). *Blending play therapy with cognitive behavioral therapy.* New Jersey: John Wiley and Johns Inc.

Exkorn, K. S. (2005). *The autism sourcebook.* New York, NY: HarperCollins Publishers.

Gallo-Lopez, L., & Rubin, L. C. (2012). *Play based interventions for children and adolescents with autism spectrum disorders.* New York, NY: Routledge.

Gil, E. (1994). *Play in family therapy.* New York, NY: The Guilford Press.

Gil, E. (2003). Family play therapy: "The bear with short nails." In Schaefer, C. E. (Ed.), *Foundations of play therapy* (pp. 192–218). New Jersey: John Wiley and Sons.

Greenspan, S., & Wieder, S. (2006). *Engaging autism.* Cambridge, MA: Da Capo

Press.

Griffin, S., & Sandler, D. (2010). *Motivate to communicate.* Philadelphia, PA: Jessica Kingsley Publishers.

Guerney, L. (2003). Filial play therapy. In Schaefer, C. E. (Ed.), *Foundations of play therapy* (pp. 99–142). New Jersey: John Wiley and Sons.

Hull, K. (2011). *Play therapy and Asperger's syndrome.* Lanham, MD: Jason Aronson.

Jernberg, A. M., & Booth, P. B. (2001). *Theraplay: Helping parents and children build better relationships through attachment-based play.* New Jersey: John Wiley and Sons Inc.

Josefi, O., & Ryan, Y. (2004). Non-directive play therapy for young children with autism: A case study. *Clinical Child Psychology and Psychiatry*, 9, 533–551.

Kaduson, H. G. (2008). *Play therapy for children with pervasive developmental disorders.* Monroe Township, New Jersey: Heidi Gerard Kaduson.

Knell, S. M. (2004). *Cognitive behavioral play therapy.* Lanham, MD: Rowman and Littlefield.

Kuypers, L. (2011). *The zones of regulation.* San Jose: Think Social Publishing.

Laushey, K., & Heflin, L. J. (2000). Enhancing social skills of kindergarten children with autism through the training of multiple peers as tutors. *Journal of Autism and Developmental Disorders*, 30(3), 183–193.

Levine, K., & Chedd, N. (2007). *Replays.* Philadelphia, PA: Jessica Kingsley Publishers.

Lindaman, S., & Booth, P. B. (2010). Theraplay for children with autism spectrum disorders. In Booth, P. B., & Jernberg, A. M. (Eds.), *Theraplay: Helping parents and children build better relationships through attachment-based play* (3rd ed., pp. 301–358). San Francisco: Jossey-Bass.

Miller, M., & Smith, T. C. (2014). *101 tips for parents of children with autism.* Philadelphia, PA: Jessica Kingsley Publishers.

Moor, J. (2008). *Playing, laughing and learning with children on the autism spectrum*. Philadelphia, PA: Jessica Kingsley Publishers.

National Institute of Child Health and Human Development. (2014).

National Institute of Mental Health. (2014). *Early characteristics of autism*. Bethesda, MD: Author.

National Institute of Mental Health. (2015).

National Institute of Neurological Disorders and Stroke. (2015).

National Professional Development Center on Autism Spectrum Disorders. (2015).

Notbohm, E., & Zysk, V. (2004). *1001 great ideas for teaching and raising children with autism spectrum disorders*. Arlington, TX: Future Horizons.

Obrey, E., & Barboa, L. (2014). *Tic toc autism clock: A guide to your 24/7 parent plan*. Nixa, MO: Author.

O'Conner, K. J. (2000). *The play therapy primer*. New York: John Wiley and Sons Inc.

Odom, S. L., Horner, R. H., Snell, M. E., & Blacher, J. B. (2009). *The handbook of developmental disabilities*. New York, NY: Guilford Press.

Orlick, T. (2006). *Cooperative games and sports*. Champaign, IL: Human Kinetics.

Parker, N., & O'Brien, P. (2011). Play therapy reaching the child with autism. *International Journal of Special Education*, 26, 80–87.

Phillips, N., & Beavan, L. (2010). *Teaching play to children with autism*. Thousand Oaks: Sage Publications.

PsychCentral. (2014).

Psychology Glossary. (2012). Types of play in children.

Ray, D. (2011). *Advanced play therapy: Essential conditions, knowledge, and skills for child practice*. New York: Routledge.

Respectrum Community. (2012). Child's development.

Ross, R. H., & Roberts-Pacchione, B. (2007). *Wanna play*. Thousand Oaks, CA: Corwin Press.

Schaefer, C. E. (2003). *Foundations of play therapy.* New Jersey: John Wiley and Sons Inc.

Sensory Processing Disorder Foundation. (2015).

Sherratt, D., & Peter, M. (2002). *Developing play and drama in children with autistic spectrum disorders.* London: Fulton.

Simeone-Russell, R. (2011). A practical approach to implementing Theraplay for children with autism spectrum disorder. *International Journal of Play Therapy,* 20(4), 224–235.

Siri, K., & Lyons, T. (2010). *Cutting edge therapies for autism.* New York, NY: Skyhorse Publishing.

Stillman, W. (2007). *The autism answer book.* Naperville: Sourcebooks, Inc.

Thornton, K., & Cox, E. (2005). Play and the reduction of challenging behavior in children with ASD's and learning disabilities. *Good Autism Practice,* 6(2), 75–80.

United States Food and Drug Administration. (2012).

VanFleet, R. (1994). *Filial therapy: Strengthening parent-child relationships through play.* Sarasota: Professional Resource Press.

VanFleet, R. (2012). Communication and connection: Filial therapy with families of children with ASD. In Gallo-Lopez, L., & Rubin, L. C. (Eds.), *Play-based interventions for children and adolescents with autism spectrum disorders* (pp. 193–208). New York, NY: Routledge.

VanFleet, R. (2014). *Filial therapy: Strengthening parent-child relationships through play* (3rd ed.). Sarasota: Professional Resource Press.

Vaughan, A. (2014). *Positively sensory.* Springfield, MO: Scribble Media.

Williams, B. R., & Williams, R. L. (2011). *Effective programs for treating autism spectrum disorder: Applied behavior analysis models.* New York, NY: Routledge.

自闭症相关图书推荐

自闭症的实证干预
——关键反应训练

Robert L. Koegel，Lynn Kern Koegel 著
赵雪莲 译

自闭症儿童社交游戏训练
——给父母及训练师的指南

Brooke Ingersoll，Anna Dvortcsak 著
郑铮 译

教自闭症孩子开口说话
——应用关键反应训练

Lynn Kern Koegel 著
赵雪莲 译

教自闭症孩子主动发起和自我管理
——应用关键反应训练提高

Lynn Kern Koegel，Robert L. Koegel 著
赵雪莲 译

自闭症儿童社会规则训练

Jennifer Cook O'Toole　著

倪萍萍　译

与自闭症儿童一起做游戏

Julia Moor　著

昝飞　译

给自闭症儿童父母的101个建议

Arnold Miller，Theresa C. Smith　著

柴田田　译

于素红　审校

游戏治疗相关图书推荐

游戏治疗
——理论与实践的综合指南
David A. Crenshaw 等主编
王晓波 译

游戏的力量
——58种经典儿童游戏治疗技术
Charles E. Schaefer 等著
张琦云 吴晨骏 译

儿童游戏治疗
Daniel S. Sweeney 著
王晓波 译

如何做游戏治疗
——从建立关系到促成转变
Terry Kottman 等著
应通 张萌 倪喆 译
王文秀 审校

如何建立游戏治疗关系
——游戏治疗实用手册
Maria Giordano 等著
刘冠宇 曾庆烽 译

无论您是自闭症孩子的父母，还是从事特殊教育工作的专业人员，如果对书中的内容有任何疑问，请联系我们！如果您还发现了其他的针对自闭症孩子的好书，也请联系我们！让我们来共同帮助这些地球上的星星们！

咨询电话：010-65263875
读者信箱：1012305542@qq.com